中等职业教育
汽车运用与维修
系列教材

汽车空调原理与维修

主　编◎岑晓东　邹光裕
副主编◎刘付敬东　谢兴金

中国人民大学出版社
·北京·

图书在版编目（CIP）数据

汽车空调原理与维修 / 岑晓东，邹光裕主编．—北京：中国人民大学出版社，2019.3
中等职业教育汽车运用与维修系列教材
ISBN 978-7-300-26802-6

Ⅰ．①汽… Ⅱ．①岑… ②邹… Ⅲ．①汽车空调 - 理论 - 中等专业学校 - 教材 ②汽车空调 - 车辆修理 - 中等专业学校 - 教材 Ⅳ．① U463.85 ② U472.41

中国版本图书馆 CIP 数据核字（2019）第 041661 号

中等职业教育汽车运用与维修系列教材
汽车空调原理与维修
主　编　岑晓东　　邹光裕
副主编　刘付敬东　谢兴金
Qiche Kongtiao Yuanli yu Weixiu

出版发行	中国人民大学出版社		
社　　址	北京中关村大街 31 号	**邮政编码**	100080
电　　话	010－62511242（总编室）		010－62511770（质管部）
	010－82501766（邮购部）		010－62514148（门市部）
	010－62515195（发行公司）		010－62515275（盗版举报）
网　　址	http://www.crup.com.cn		
	http://www.ttrnet.com（人大教研网）		
经　　销	新华书店		
印　　刷	北京昌联印刷有限公司		
规　　格	185mm×260mm　16 开本	**版　　次**	2019 年 3 月第 1 版
印　　张	10.75	**印　　次**	2019 年 3 月第 1 次印刷
字　　数	192 000	**定　　价**	36.00 元

前言 PREFACE

为了贯彻落实《国家中长期教育改革和发展规划纲要（2010—2020年）》和《国务院关于大力推进职业教育改革与发展的决定》以及《教育部等六部门关于实施职业院校制造业和现代服务业技能型紧缺人才培养培训工程的通知》的精神，适应我国汽车工业飞速发展和汽车运用与维修专业技能型紧缺人才培养的需求，我校组织一线专业教师编写了本教材。

汽车空调是装备在汽车上的空调系统，其作用是调节车内的温度、湿度、空气清新度，以提高车内驾乘人员的舒适性。现代汽车所配置的自动空调系统功能完善，包括采暖、制冷、空气净化、通风、温度调节等功能。

本教材将汽车空调的理论知识和实训操作进行了整合，共分为9章，分别是：第1章汽车空调概述；第2章汽车空调基础知识；第3章汽车空调制冷系统；第4章汽车空调采暖系统；第5章汽车空调的通风及空气净化系统；第6章汽车空调的控制系统；第7章汽车空调的常规操作与检修；第8章汽车空调的常见故障与诊断；第9章综合实训。

本书在编写过程中，借鉴和参考了国内外的大量资料，在此向相关作者致以诚挚的谢意！

由于编者的经历和水平有限，书中难免存在错误和不足，希望广大专家、读者提出修改意见和建议，以便再版修订时改正。

编　者

目录 CONTENTS

第 1 章 汽车空调概述

汽车空调系统作为汽车不可分割的一部分，在汽车整车的安全性、舒适性方面扮演着十分重要的角色。本章主要学习汽车空调的功能、汽车空调的特点、汽车空调的组成与分类、汽车空调的发展 4 部分内容。

随着汽车工业的迅速发展和人民生活水平的日益提高，汽车开始走进千家万户。人们在追求汽车的安全性、可靠性的同时，也更加注重舒适性。而汽车空调不仅可以使车内的空气保持清新、宜人，还可以提高驾驶的安全性。所以汽车空调已经成为现代汽车的必备装置。

1.1 汽车空调的功能

空调是空气调节设备的简称。汽车空调是空调领域的一个分支，它是通过某种方式来控制车内空气的温度、湿度、流速、清洁度等，并使其以一定的速度在车内流动和分配，为驾驶员及乘客创造清新舒适的车内环境，也就是说，汽车空调装置一般应具备制冷、供暖、通风、净化空气、加湿和除湿等多项功能。由于电子技术的发展，现代汽车空调已经由计算机控制。计算机控制的汽车空调系统不仅可以对车内空气的温度、湿度、清洁度、风量和风向等进行自动调节，从而给驾驶员及乘客提供一个良好的乘车环境，而且还能进行故障检测。这种计算机控制的空调系统叫全自动空调。

1.1.1 汽车空调的基本功能

1. 温度调节

温度调节是汽车空调的基本功能。夏天可以由汽车空调制冷系统对车内空气进行降温，冬天则可利用采暖装置升高车内的温度，使车内空气的温度保持在舒适的范围内。一般来说，夏天人体的舒适温度为 21℃～26℃，冬天为 15℃～18℃。温度低于 14℃，人就会感觉“冷”，温度越低，手脚动作越僵硬；温度高于 28℃，人就会觉得燥热，精力集中不起来，反应迟钝，容易造成交通事故。温度高于 40℃，则称为有害温度，会对人体的健康造成危害。

2. 相对湿度调节

空气湿度过低，皮肤会失水发痒；空气湿度过高，人会觉得闷。一般来说，车内空气的相对湿度控制在 30%～70%，人体会感到比较舒适。中、低档汽车空调不具备自动调节车内空气相对湿度的功能，而高档汽车则采用冷暖一体化空调器对车内的湿度进行适当调节。在制冷过程中，空气的相对湿度会提高；在制热过程中，空气的相对湿度会降低。

3. 气流调节

汽车空调可以调节车内送风的风量和方向。汽车空调通风系统鼓风机的转速分 3 个挡位、4 个挡位、5 个挡位，甚至无限多个挡位，因此，风量大小可由乘员根据自己的生活习惯、健康状态、冷热要求进行调节。至于方向，由于头部对冷比较敏感，脚部对热比较敏感，所以冷风宜吹向人体的胸部以上，热风宜吹向人体的脚部。

4. 空气净化

由于车内空间小，全封闭空间极易出现缺氧（O_2）和二氧化碳（CO_2）浓度过高的现象；汽车排放的废气中的一氧化碳（CO）和道路上的粉尘易进入车内，造成车内空气浑浊，严重影响乘员的身体健康。因此必须对车内空气进行净化处理。汽车空调则可以对车内空气进行净化，提高车内空气质量。低档车的空调只过滤车内空气中的灰尘和增加新鲜空气，中、高档汽车的空调除此之外还可以去除车内的各种异味（如臭味、烟味）、有毒气体（如甲醇、乙醚）等，甚至有些高档汽车的空调还带有负离子发生器。

5. 除霜

汽车空调通过对车窗玻璃吹冷风或吹热风来防止车窗结霜，以保证驾驶员的视野清晰，为安全驾驶提供保障。冬天温度低，玻璃外面容易结霜，影响驾驶员的视线，这时可以利用热风吹向前挡风玻璃或驾驶员两侧的玻璃，利用加热丝对后挡风玻璃进行加热，使霜溶化。如果空气潮湿，车内空气则易在玻璃内侧结雾，使玻璃透视率下降，这时汽车空调对车内空气进行降温，玻璃上的雾就会散去。

1.1.2　汽车全自动空调的功能

1. 自动调节功能

汽车空调自动调节功能包括自动调节车内温度和湿度、回风和送风模式以及运转方式和换气量自动控制等。电控单元（ECU）将根据驾驶员或乘客在空调显示控制面板上设定的参数，使空调系统自动运行，并根据各种传感器输入的信号，对送风温度和送风速度及时进行调整，使车内的空气环境保持最佳状态。电控单元还可以根据气候的变化选择送风口，从而保持最佳的车内空气环境。

2. 经济运行控制功能

当车外温度与设定的车内温度较为接近时，电控单元将控制压缩机的工作状态，缩短压缩机的工作时间，甚至在不启动压缩机的情况下，使车内温度保持在所设定的参数，达到节能的目的。

3. 全面显示功能

安装在汽车仪表盘上的空调显示屏，可以显示设置的温度、车内温度、车外温度、送风速度、回风和送风口状态以及空调系统运行情况等信息，使驾驶员能够及时了解空调系统的工作状态。

4. 故障检测和安全功能

电控单元自诊断系统可以对系统的状态进行检测，并对故障情况进行判断，当系统出现故障时，故障以特定的代码显示在空调的显示屏上。

1.2　汽车空调的特点

汽车空调与房间空调具有同样的功能，但汽车空调与房间空调在技术上又有不同之处，具体表现在以下几个方面。

1.2.1　压缩机直接由发动机驱动

对中小型汽车而言，汽车空调制冷量少，汽车空调压缩机均采用汽车发动机作为动力源。对大型客车而言，汽车空调制冷量大，汽车空调压缩机采用辅助发动机作为动力源。

1.2.2　制冷量大，降温迅速

汽车在太阳下行驶或者停靠时，来自许多热源的热量都会进入车内。这些热源包括周围空气、阳光、引擎热量、路面热量、电器设备产生的热量、排气系统排出的热量等。这些热源都增加了车内的空气温度。如果周围的温度很高（比如 37℃），一辆暴露在太阳下的汽车，在车窗关闭的情况下，车内温度可能会达到 65℃～ 70℃。由于车内温度高，冷量容易损失，所以只有汽车空调的制冷量较大时，才可以在较短的时间内把车内的温度降下来。

1.2.3 冷凝温度高

汽车的冷凝器一般放在发动机舱的前端，在停车时舱内温度较高，这就会导致系统内制冷剂的冷凝温度升高，压力也会变大。

1.2.4 送风温度不稳定

由于压缩机由发动机驱动，所以制冷量受发动机工况的影响较大。发动机的转速是经常变化的，制冷量也随之变化，送风温度也会不同，使车内乘客感觉不舒服。

高档汽车的全自动空调系统由微机控制，可以解决送风温度不稳定的问题。全自动空调利用传感器随时检测送风温度的变化，并把检测到的信号传送给空调的电控单元，电控单元则按照预先编制的程序对信号进行处理，并控制伺服电机等元件，不断地对风机的转速、出风温度、送风温度、送风模式及压缩机工作状况等进行调节，从而使送风温度保持恒定，这种空调又称为恒温空调。

1.2.5 制冷剂易泄漏

汽车在行驶过程中经常承受强烈的振动，容易导致汽车空调制冷系统管路各连接处松动，产生制冷剂泄漏现象，影响制冷效果。

1.2.6 汽车空调检修困难

汽车结构一般比较紧凑，汽车空调部件和管路接头也比较多，且安装在不同位置，这对汽车空调检修（特别是检漏）造成了一定困难。

1.3 汽车空调的组成与分类

1.3.1 汽车空调的组成

汽车空调系统按其功能可分为制冷系统、暖风系统、通风系统、空气净化系统和控制操纵系统 5 个部分。

1. 制冷系统

制冷系统是对车内空气或由外部进入车内的新鲜空气进行冷却，达到降低车内温度的目的。作为冷源的蒸发器，其温度低于空气的露点温度，因此，制冷系统还具有除湿的作用。

2. 暖风系统

汽车的暖风系统一般是将发动机的冷却液引入车内加热器中，通过鼓风机将被加热的空气吹入车内，以提高车内空气的温度。同时暖风系统还可以对前挡风玻璃和门窗玻璃进行除霜。

3. 通风系统

通风一般有自然通风和强制通风两种方式。自然通风是汽车在行驶时，利用车外产生的不同风压，在适当的地方，开设进风口和出风口来实现的；强制通风是利用鼓风机强行将外界空气引入车内，这种方式在汽车行驶时常与自然通风一起工作。通风系统设置有空气处理室、送风道及风门等部件。

4. 空气净化系统

空气净化系统一般由空气过滤器、出风口等组成，用以对引入车内的空气进行过滤，同时排出车内的污浊气体，以保持车内空气清新。

5. 控制操纵系统

控制操纵系统主要由电气元件、真空管路和操纵机构组成，用于对制冷、暖风系统的温度、压力进行控制，以及对车内空气的温度、风量、流向进行操纵。

在大中型客车上，上述各系统通常独立安装并单独使用。如在车顶上安装 2 个或 3 个独立的强制换气扇以用于车内通风换气，冬季用独立的燃油燃烧式加热器为车内供暖，而夏季则用专门的副发动机（空调发动机）驱动的独立式制冷系统为车内提供冷气。

在小型客车和轿车上，则将上述各系统有机地结合在一起，成为具有制冷、采暖、通风、除湿、除霜、除雾等功能的冷暖一体化的空调系统。这种空调系统冷、暖、通风合用一台鼓风机和一套统一的操纵机构，采用冷暖混合式调温和多种功能的送风口，使得整个空调系统总成数量减少，占用空间小、安装方便，且操作和调控简单，温湿度调节精度高，出风口分布均匀，容易实现空调系统的自动化控制。

1.3.2　汽车空调的分类

汽车空调按照控制形式一般分为四种：手动空调、半自动空调、自动空调、全自动空调。

1. 手动空调

手动空调的特点是温度调节、风量调节、风门调节用手动控制，温度调节采用机械式，风门的操纵机构采用拉索式。这种空调温度精度低，风量只有 4 挡，风门操作比较烦琐，容易影响驾驶，故现已被淘汰。

2. 半自动空调

半自动空调与手动空调一样，温度调节、风量调节、风门调节都用手动控制。二者不同的是半自动空调的温度调节采用电子式，由放大器控制，空调温度精度高；风门的操纵机构采用气动式，由真空马达控制，操作简便。半自动空调现大量用于经济型汽车。

3. 自动空调

自动空调是在半自动空调的基础上增加自动操作功能，并用显示屏把各种工况显示出来。只要设定好车内温度，按下 AUTO（自动运行）键，汽车空调就会自动运行。风量和风向会随着环境的变化而自动变化。当按下其他键时，汽车空调转入手动操作。这不仅提高了空调带来的舒适性，还大大降低了驾驶员开空调时注意力分散产生的危险，提高了驾驶的安全性。自动空调现大量用于中档汽车。

4. 全自动空调

全自动空调是在自动空调的基础上增加了自诊断功能。当汽车空调发生故障时，在空调显示屏上会显示故障代码，并能储存起来。处理好故障后，故障代码自动消失。这大大方便了对汽车空调的维修。目前，这类空调多用于高档汽车和部分中档汽车。

1.4 汽车空调的发展

1.4.1 汽车空调的发展历程

最早的汽车是没有空调的，而是通过开窗进行换气。

1927 年，汽车安装了由加热器、通风装置和空气过滤器组成的暖风系统，功能主要是供暖和对空气进行过滤。目前这种单一采暖的空调系统仍用于寒冷的北欧地区的部分汽车。

20 世纪 30 年代末，由于制冷技术的迅速发展，制冷技术开始应用到汽车上。1939 年，美国通用汽车帕克公司（Packard）首次在轿车上安装带有制冷系统的空调器。目前这种单一制冷的空调系统仍用于热带地区的部分汽车。

20 世纪 50 年代中期，美国通用汽车公司首次在轿车上安装了冷暖一体化的空调器，汽车空调这才具有调节车内空气温度、湿度、气流速度和方向等功能。这种汽车空调主要依靠人工操作，现大量用于经济型汽车。

1964 年，美国通用汽车公司率先在凯迪拉克轿车上安装了自动控制的空调器，这种空调器只需预先设定车内温度，空调器就会使车内温度自动保持在设定的温度范围内。空调器根据传感器随时检测车内外温度，自动调控空调器各部件工作。目前，大部分中高档轿车安装有自动控制的空调器。

1977 年，美国通用汽车公司、日本五十铃汽车公司同时将由电脑控制的汽车空调系统安装于轿车，标志着全自动空调的帷幕正式拉开。这种空调不仅能自动控制车内空气温度等，还能检测系统故障。目前全自动空调多装在高档轿车上。

1.4.2　汽车空调的发展方向

汽车空调是提高汽车乘坐舒适性的一种重要设备，为广大汽车制造者及用户所认可，象征着汽车的档次。现代汽车空调正向全自动化、舒适性、高效节能、小型轻量化和环保等方向发展。

1. 日趋自动化

早期汽车空调系统的进出风系统、冷气系统和暖气系统互相独立，并且汽车空调都是手动控制，仅凭人的感觉来调节开关，所以温度、湿度及风量很难控制。近年来，随着电子计算机的普及并逐步应用于汽车空调系统，空调系统的控制日趋完善，空调设备的性能也越来越高。这种空调系统能进行全天候的空气调节，集制冷、采暖、通风于一体。在人为设定的最佳温度、湿度及风量的情况下，该系统可根据车厢内人员数量及其他情况的变化进行多挡位、多模式的微调，使车内始终保持舒适的环境，同时可进行故障自动诊断，缩短了检修的时间。

2. 提高舒适性

当前不少汽车空调系统的制冷和采暖是各自独立的系统。每逢雨季，车窗玻璃上常常蒙着雾气，若要去掉雾气，必须启动冷气装置，但这样会使车内太冷。为了克服此缺点，目前已开发出全季节型空调系统，该系统具有换气、采暖、除湿、制冷等功能。夏天由发动机驱动制冷系统；冬天由加热器制热采暖；过渡季节（如雨季）则采用制冷与采暖混合吹出温和风进行除湿，从而使车内换气情况达到最佳状态。

3. 高效节能，小型轻量化

要想进一步降低空调装置的重量，减小其外形尺寸，就必须提高各组成装置的结构紧凑性。在压缩机方面，以往的空调系统多采用斜板式压缩机，这种压缩机的制冷能力和容积效率相对较低，性能系数也相对较小。为了提高压缩机性能，现已使用了制冷性能较好的旋转式压缩机和三角转子压缩机。在冷凝器和蒸发器方面，管片式换热器已逐渐被管带式换热器取代。但是结构更为紧凑的平行流冷凝器和层叠式蒸发器又有取代管带式换热器的趋势。

4. 向环保型方向发展

汽车空调制冷剂 R12（CFC 类中的一种）对臭氧层有一定的破坏作用。1987 年国际会议上签署的《关于消耗臭氧层物质的蒙特利尔议定书》规定，发达国家 1996 年开始禁用 R12，发展中国家 2006 年完全禁用 R12。1990 年第二次会议要求谛约国中的发达国家对全部 CFC 类于 2000 年停止生产，发展中国家可延至 2010 年。因此世界各国都在积极研制更适合环境保护的新型制冷剂。目前，世界各国一致认为 R134a（HCFC 中的一种）是 R12 的首选替代物。

复习题

一、选择题（选择一个正确答案，并将其字母填入题内的括号中）

1. 夏天，人体的舒适温度为（　　）。

A. 21℃～26℃　　B. 15℃～18℃

C. 14℃　　D. 40℃

2. 车内空气的相对湿度应控制在（　　）。

A. 50%　　B. 100%

C. 30% ～ 70%　　D. 0

3. 下面哪一项是全自动空调才具有的功能？（　　）

A. 温度调节　　B. 除霜

C. 故障诊断　　D. 空气净化

4. 如果周围的温度是 37℃，一辆暴露在太阳下的汽车，在车窗关闭的情况下，车内温度可能会达到（　　）。

A. 65℃～ 70℃　　B. 37℃～ 45℃

C. 90℃　　D. 37℃

5. 首次在轿车上安装制冷系统的汽车公司是（　　）。

A. 美国通用　　B. 法国标致

C. 日本本田　　D. 德国大众

6. 一般来说，冷风宜吹向人体的（　　）以上，热风宜吹向人体的（　　）。

A. 面部　　B. 脚部

C. 手部　　D. 胸部

7. 当前挡风玻璃外结霜时，应对前挡风玻璃吹（　　）；当前挡风玻璃内有雾时，应对前挡风玻璃吹（　　）。

A. 冷风　　B. 热风

C. 自然风　　D. 都可以

8. 恒温空调指的是（　　）。

A. 送风温度保持稳定　　B. 车内温度保持稳定

C. 车外温度保持稳定　　D. 进风温度保持稳定

9. 下列哪一项不是汽车空调的功能？（　　）

A. 调节车内的温度　　B. 增大车内空气的湿度

C. 净化车内的空气　　D. 检测发动机故障

二、判断题（将判断结果填入括号内，正确的填"√"，错误的填"×"）

1. 一般汽车空调都具有故障诊断功能。（　　）

2. 一般汽车空调都具有制冷与采暖功能。（　　）

3. 汽车空调压缩机由电力驱动。（　　）

4. 汽车空调降温比较慢。（　　）

5. 汽车空调制冷剂不容易泄漏。（　　）

第 2 章　汽车空调基础知识

汽车空调的部件大多是热工部件，要想学好汽车空调的构造与维修，必须掌握与汽车空调有关的热力学、传热学等方面的基础知识。本章将分热力学基础、传热学基础、有关空气的几个概念、阿伏伽德罗定律 4 部分内容介绍空调的基础知识，把汽车空调抽象的热学知识转变为具体的现象、例子进行讲解。

2.1　热力学基础

2.1.1　温度

温度是分子平均动能的标志，它反映了分子热运动的激烈程度。我们常用温度表示物质的冷热程度，物质热就是指物质的温度高，物质冷就是指物质的温度低。温度单位有 3 种表示方法：

1. 摄氏温度

摄氏温度是我国的常用单位，用符号 t 表示，单位为℃。

2. 华氏温度

华氏温度是英制单位，用符号 t_F 表示，单位为℉。华氏温度与摄氏温度的关系是：

$$t = 5/9 \times (t_F - 32)$$

3. 绝对温度

绝对温度（又称开氏温度）是国际制单位，用符号 T 表示，单位为 K。绝对温度与摄氏温度的关系是：

$$T = t + 273$$

温度可以用温度计测出来。

2.1.2　压力

压力是单位面积上受到的垂直作用力，在物理上称为压强。气体对容器所产生的压力，是大量气体不断运动，频繁撞击容器壁面产生的结果。分子数越多，温度越高，分子运动越强烈，则压力也越大，反之则压力越小。

压力用符号 P 表示，单位为是 N/m^2，记作 Pa，读“帕”。由于帕的单位太小，常用 kPa（千帕）或 MPa（兆帕）、kgf/cm^2（千克力）、bar、Tbf/in^2（磅力 / 平方英寸）表示，其中：

$$1kPa = 10^3Pa$$

$$1MPa = 10^6Pa$$

$$1kgf/cm^2 = 0.1MPa$$

$$1bar = 0.1MPa$$

$$1Tbf/in^2 = 0.007MPa$$

系统内物质的真实压力称为绝对压力，用符号 P_j 表示。用压力表测出的系统内物质的压力称为表压力（或相对压力），用符号 P_b 表示。

绝对压力与表压力之间的关系：

$$P_j = P_b + B$$

其中，B 为当地大气压力，约为 0.1MPa。

压力可以用压力表测出来，如图 2－1 压力表指针指向 0，表示系统表压力为 0，绝对压力为 1 个大气压；图 2－2 压力表指针指向 2，表示系统表压力为 2 个大气压，绝对压力为 3 个大气压。

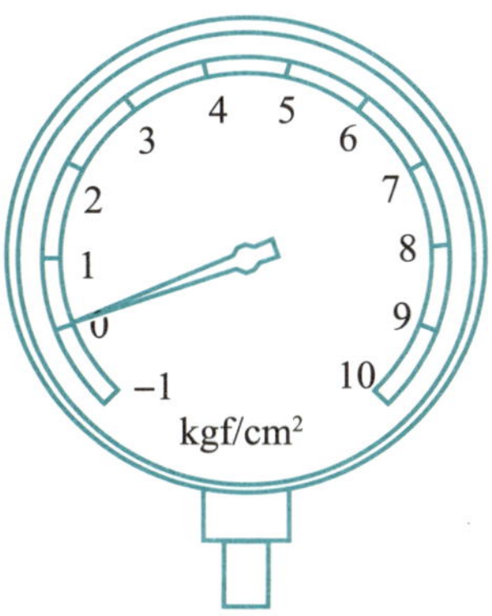

图 2－1　压力表（一）

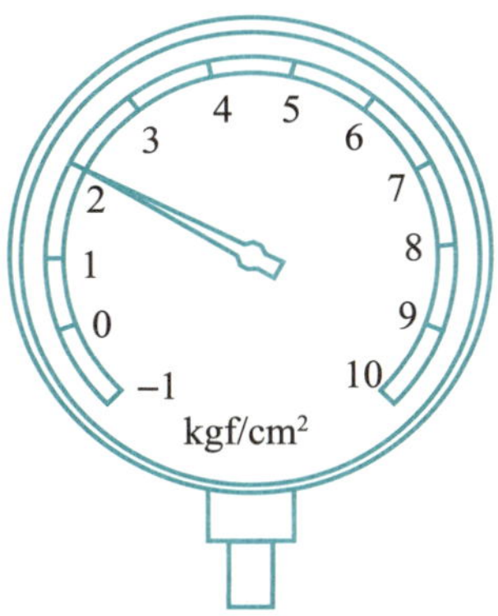

图 2－2　压力表（二）

图 2－3　压力表（三）

当被测系统内物质的压力低于大气压时，其表压为负值，其绝对压力工程上称为真空度，用符号 P_v 表示。如图 2－3 压力表指针指向负值，表明系统内是真空。真空度越高，气体分子越少，绝对压力越大。

注：如果没有特别说明，本书中的压力均指表压力。

2.1.3 热能和热量

物质内动能和势能的总和，叫作物质的内能。内能与物质的温度、体积、质量和组成有关，对于一定质量的制冷剂来说，当它的体积或温度变化时，都会引起内能的变化。

1. 热能

热能是能量的一种形式。温度升高时，分子动能增加，物质的热能增加；温度降低时，分子动能减少，物质的热能减少。

2. 热量

热量是物质热能转移时的度量，表示物质吸收或放出热量的多少。物质温度升高时，物质吸收热量；物质温度降低时，物质放出热量。

2.1.4 物质的状态变化

物质在吸热或放热时，除了温度变化以外，还有状态的变化。任何物质都存在 3 种状态：气体、液体、固体。三者之间在不同的条件下可以互相转化，如图 2－4 所示。气体变成液体的过程叫液化（或冷凝），反之叫汽化（或蒸发）；液体变成固体叫凝固，反之叫熔化；固体变成气体叫升华，反之叫固化。

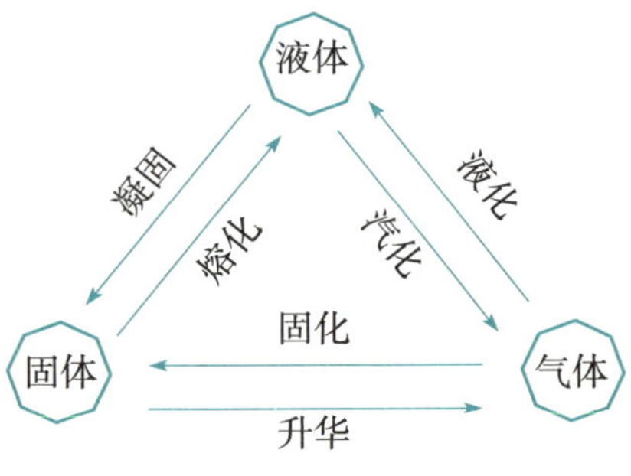

图 2－4　物质状态变化

物质在状态变化的过程中要吸收或放出大量的热量，而温度不发生变化。例如 100℃的水吸收大量的热量后变成 100℃的水蒸气。

1. 蒸发

对液体加热使其从液体变成气体的过程叫汽化，也叫蒸发。如图 2－5 所示，当水被加热时，在水的内部形成许多小气泡并上升至液面，吸收周围介质的热量迅速汽化。蒸发在日常生活中经常见到，如汽油放在室外会蒸发掉，湿衣服在阳光下被晒干。

上述状态变化的过程反映在汽车空调蒸发器内则为：液态制冷剂进入蒸发器后吸收车内的空气热量而变成气态制冷剂。

2. 冷凝

蒸发的反过程叫作冷凝，即当气体受冷时放出热量，从而由气体变成液体，如图 2－6 所示。

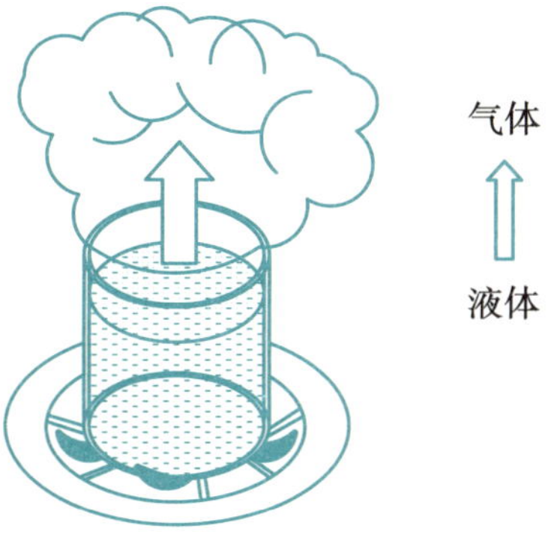

图 2－5　蒸发

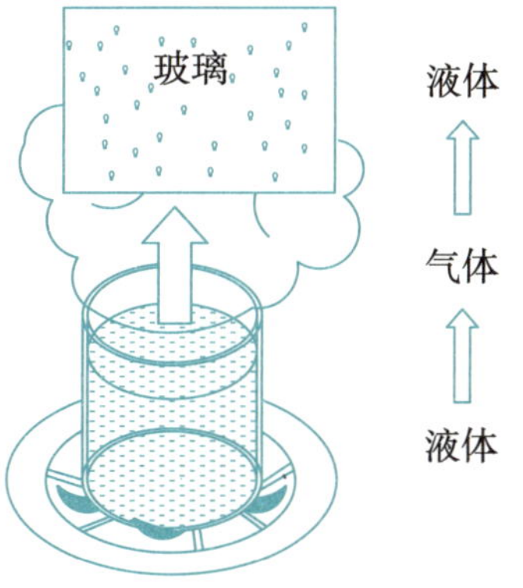

图 2－6　冷凝

上述状态变化的过程反映在汽车空调冷凝器内则为：气态制冷剂进入冷凝器后被车外空气吸收热量变成液态制冷剂。

空调就是这样利用制冷剂在气体和液体之间的变化，吸收车内空气的热量并排到车外，使车内空气温度降低的。

3. 凝固

当液体受冷时（放出热量）从液体变成固体的过程叫凝固，如图 2－7 所示。

在制冷系统内不允许有水分，否则水分容易在节流装置凝固结成冰块，造成系统内堵塞。蒸发器散热片的表面温度也不能低于 0℃，否则水会凝固成冰。

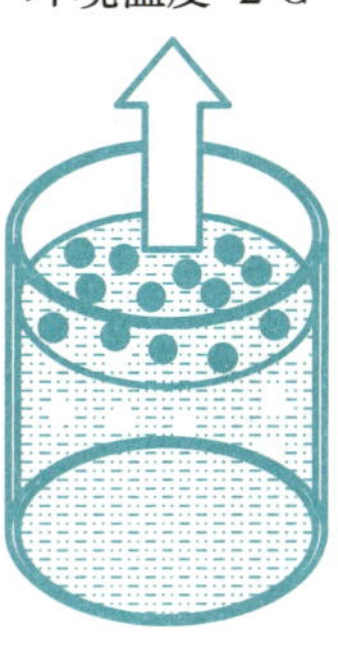

图 2－7　凝固

2.1.5　节流

由于流体经过管径小的管道时流速快、时间短，来不及与外界进行热交换，所以节流过程一般被看作绝热过程，如图 2－8 所示。

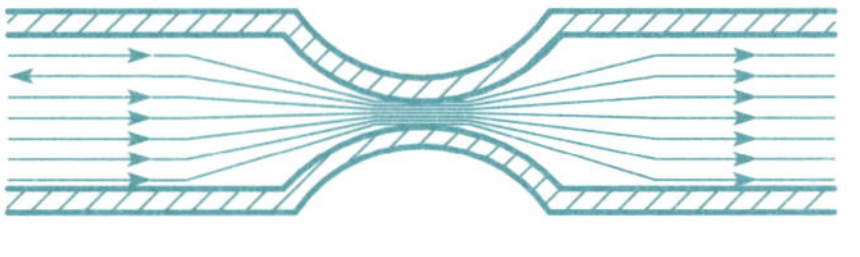

图 2－8　节流示意图

从冷凝器出来的制冷剂由于温度高，不能直接通过蒸发器吸收车内空气的热量，必须通过节流来降低压力，使制冷剂的温度低于车内空气的温度，这样才能吸收车内空气的热量，以降低车内空气温度。

2.1.6 显热和潜热

1. 显热

显热是指物质在加热（冷却）过程中，温度升高（降低）时吸收（放出）的热量。它使人们有明显的冷热变化感觉。通常可以用温度计测量物体的温度变化。

例如当水加热时，水不断吸收热量，温度也不断升高。当把热水放在大气中时，水不断放出热量，温度也逐渐下降。这时水的状态没有发生变化，水吸收或放出的热量就是显热。

上述现象反映在汽车空调上则为：车内空气经过蒸发器时放出热量，被制冷剂吸收，温度下降；车外空气经过冷凝器时吸收制冷剂的热量，温度上升。

2. 潜热

潜热是指物质状态在发生变化的过程中吸收（放出）的热量。由于物质状态在发生变化的过程中温度不变，所以这种热量无法用温度计测量出来，人体也无法感觉到，但可通过实验计算出来。

例如对已达 100℃的水继续加热，水会蒸发变成 100℃的水蒸气，这时水吸收的热量就是汽化潜热；对 100℃的水蒸气进行冷却，水蒸气会冷凝变成 100℃的水，这时水蒸气放出的热量就是液化潜热。

制冷剂在蒸发器内蒸发时吸收的热量叫汽化潜热；在冷凝器内冷凝时放出的热量叫液化潜热。

2.1.7 液化气体的性质

1. 饱和温度和饱和压力

密闭在系统内的液体，从液面飞升出来的分子不可能扩散到其他地方，只能积聚在液体上面的空间里，做无规则运动。其中一部分气体分子碰撞液面时，又回到了液体中，一部分新的分子又从液面飞升出来。当两者达到平衡，即回到液面的气体分子数和从液面飞升出来的气体分子数相同时，气体分子数不再增加，这种状态称为饱和状态。在此状态下的蒸汽称为饱和蒸汽，饱和蒸汽的温度称为饱和温度，饱和蒸汽的压力称为饱和压力。

2. 过热和过冷

在饱和压力条件下，对饱和蒸汽继续加热，使其温度高于饱和温度，这种状态称为过热，这种蒸气称为过饱和蒸气；在饱和压力条件下，对饱和液体继续冷却，使其温度低于饱和温度，这种状态称为过冷，这种液体称为过冷液体。

2.1.8　压缩和膨胀

在密闭容器内，当容器体积缩小时，气体的压力和温度升高，这种现象叫压缩。如图 2－9 所示，活塞在外力 F 的作用下，由位置 1 移到位置 2，密闭容器内体积缩小，气体的压力和温度升高。而当容器体积变大时，气体的压力和温度降低，这种现象叫膨胀。如图 2－10 所示，活塞在外力 F 的作用下，由位置 2 移到位置 1，密闭容器内体积变大，气体的压力和温度降低。

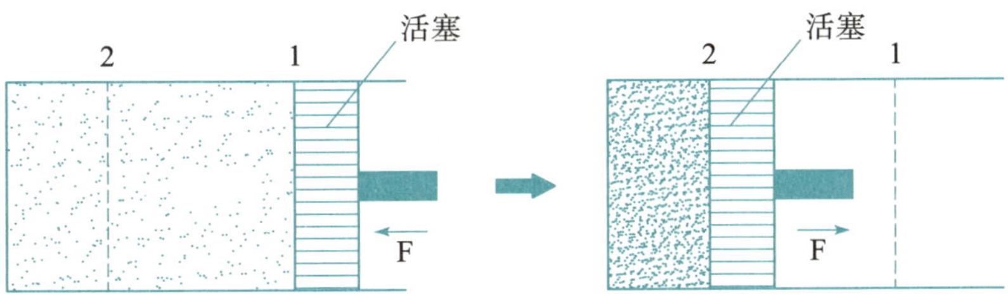

图 2－9　压缩

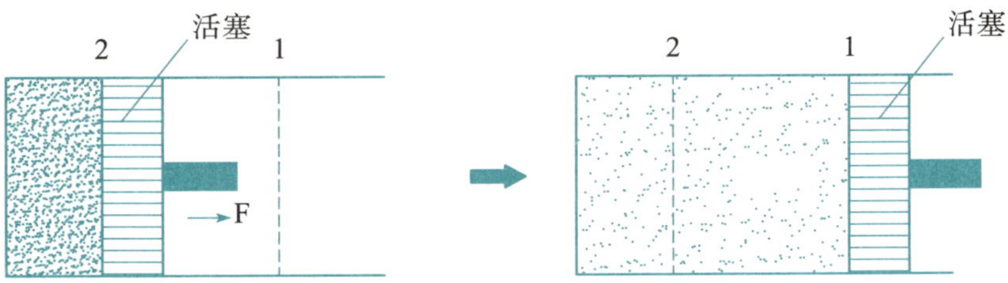

图 2－10　膨胀

2.1.9　热力学第一定律

热力学第一定律可表达为：热可以转化为功，功也可以转化为热；消耗一定的功必然产生一定的热，一定的热消失时，也必然产生一定的功。能量既不会凭空产生，也不会凭空消失，它只能从一种形式转化为另一种形式，或者从一个物体转移到另一个物体，在转化或转移的过程中其总量不变。如摩擦生热，就是通过克服摩擦力做功将机械能转化为热能；水壶中的水沸腾时水蒸气对壶盖做功将壶盖顶起，表明热能转化为机械能；电流通过电热丝做功可将电能转化为热能。这些实例说明了不同形式的能量之间可以相互转化，并且是通过做功来完成的。

在汽车空调制冷系统中，压缩机对气态制冷剂进行压缩，也就是对制冷剂做功，使制冷剂热能增加（即温度升高）。

2.1.10 热力学第二定律

热力学第二定律可表达为：高温物质能自发地向低温物质传热，而要低温物质向高温物质传热则必须做功。也可以说热量不可能自发地从低温物质传向高温物质。

在汽车空调制冷系统中，由于制冷剂在蒸发器中的温度低，所以能吸收车内空气的热量，从而使车内温度下降。但制冷剂吸收的热量不能直接排到温度较高的车外，只能通过压缩机压缩使制冷剂的温度升高后将热量从冷凝器中排到车外。

2.2 传热学基础

热量总是从温度高的物质传递到温度低的物质。即两种物质之间只要存在温差，热量就会从热的物质转移到冷的物质，这就是热传递，也是空调工作的基础原理。

热传递的方式有 3 种：导热、对流、辐射。

2.2.1 导热

导热是热量在物质内部从高温端向低温端直接传递的现象。在图 2－11 中，两个平面的温度分别是 t_1 和 t_2，如果 $t_1>t_2$，导热量 Q 就从表面 1 传递到表面 2。导热量是单位时间内通过平壁的热量，与平壁的导热系数有关：导热系数大，导热量就大。银、铜、铝等金属的导热系数大，是热的良导体，可以用来做热交换器。泡沫塑料的导热系数很小，可以用来做隔热材料。

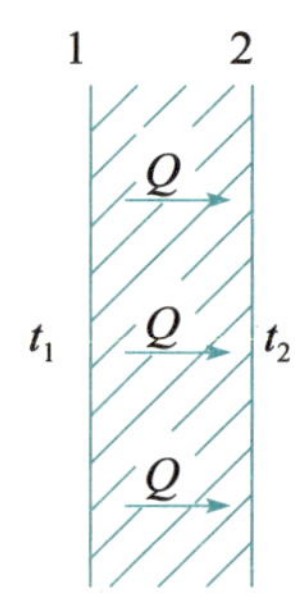

图 2－11 导热

汽车空调的冷凝器和蒸发器均采用铝作为材料。

2.2.2 对流

对流是通过液体或气体的流动来传递热量的现象。对流有自然对流和强迫对流两种形式。

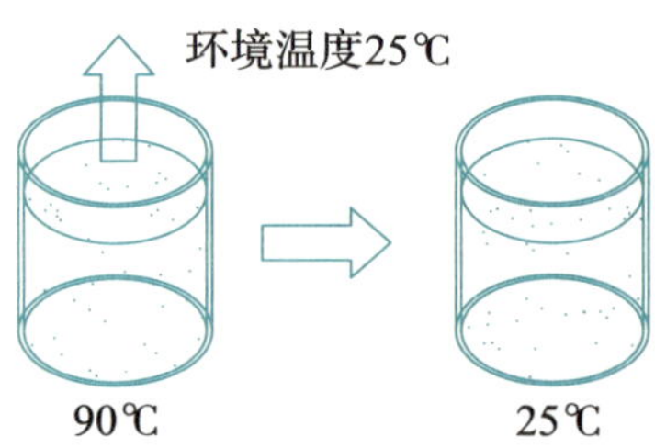

图 2－12 自然对流

自然对流是通过液体或气体的自然流动来传递热量。将一杯 90℃的水放置在 25℃的环境中，热量会从温度较高的水传递到温度相对较低的环境中，一段时间后，这杯水的温度就会降到 25℃，如图 2 - 12 所示。

强迫对流是通过液体或气体以一定的流动速度来传递热量。利用强迫对流时热交换快，传递的热量多，如天气热时用风扇直接对人体吹，人体的热量会很快被空气带走，人就会感到凉爽。

汽车空调的冷凝器和蒸发器就是利用风扇强迫空气通过冷凝器和蒸发器的散热片表面，使空气与散热片表面进行热量交换，提高换热效率的。

2.2.3　辐射

辐射是热量通过高温物质直接向外传递的现象。物质辐射的能力与物质的温度有关：物质温度越高，辐射能力就越强。

物质的辐射能力与物质表面的粗糙度和颜色也有很大关系：表面越粗糙，颜色越深，辐射能力就越强。汽车空调冷凝器一般把外表面涂成黑色，就是为了增强冷凝器的辐射能力，使冷凝器与空气能更好地进行热交换。

2.3　有关空气的几个概念

包围地球的空气层称为大气，大气是由干空气和水蒸气组成的混合物，称为湿空气。干空气是由氮、氧、氩、二氧化碳、氦和其他气体组成的混合气体。由于自然界的水通常都会汽化，所以空气中总含有一定量的水蒸气。

2.3.1　大气压力

环绕地球的空气层对单位地球表面积形成的压力称为大气压力，大气压力通常用 B 表示。大气压力不是一个定值，它依据各地海拔高度的不同而存在差异。

纬度 45° 海平面的大气常年平均压力称为标准大气压，用 atm 表示，其值为：

$$1\text{atm} \approx 1 \times 10^5\text{Pa} \approx 100\text{kPa} \approx 0.1\text{MPa} \approx 1\text{kgf/cm}^2 \approx 1\text{bar}$$

地球表面各处的大气压力称为当地大气压。由于各地大气压相差很小，一般认为地球表面各处的压力均为一个标准大气压。

2.3.2　空气的湿度

空气湿度是指空气中所含水蒸气量的多少。空气可以吸收和容纳水蒸气，但能力有限：在一定的压力和温度下，一定数量的空气只能吸收和容纳一定限度的水蒸气量。在某一温度下，空气吸收水蒸气量若达到该温度下允许的最大限值，那么空气就不能再吸收水蒸气了，这时空气中水蒸气的含量已呈饱和状态，称为饱和空气。空气中水蒸气的含量未达到该温度下的最大限值，这种空气称为未饱和空气。一般可以用相对湿度来表示空气中水蒸气的含量接近饱和的程度。空气的相对湿度小，说明空气干燥，容易吸收水分；空气的相对湿度大，说明空气潮湿，吸收水分的能力弱。空气相对湿度的大小对人体的舒适性影响很大，如果空气的相对湿度小，空气就容易吸收人体的水分，使人体感到干燥；如果空气的相对湿度大，人体的水分就很难蒸发，人就会感到身上发黏。对人体适宜的空气相对湿度为 30% ～ 70%。所以，空气的相对湿度较小时，可通过制冷提高空气的相对湿度；空气的相对湿度较大时，可通过加热降低空气的相对湿度。

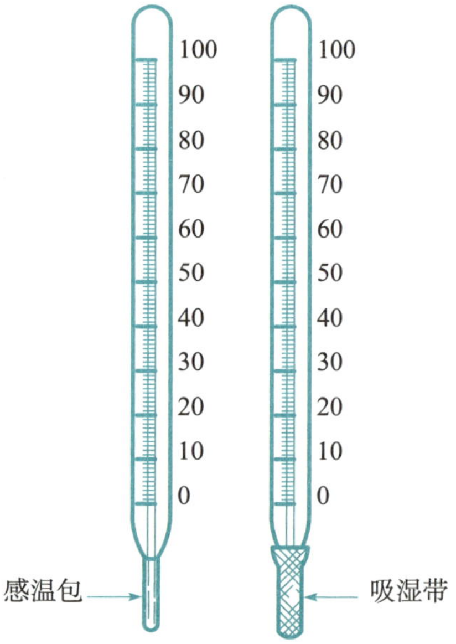

图 2－13　测量相对湿度

用干球温度计和湿球温度计可以测出空气的相对湿度，如图 2－13 所示。用干球温度计测出空气的干球温度（即通常所说的温度），用湿球温度计测出空气的湿球温度，通过表 2－1 就可以确定空气的相对湿度。

表 2－1　按照干球温度和湿球温度确定空气的相对湿度

干球温度（℃）	相对湿度（%）									
18	90	79	70	61	53	43	35	27	20	12
21	91	81	72	64	55	47	39	31	28	19
24	91	82	74	66	58	51	43	38	32	25
27	91	83	75	68	61	54	47	41	35	29
30	92	84	76	70	63	56	50	44	38	32
32	92	85	78	71	65	58	52	48	42	37
35	93	86	79	72	66	60	54	50	45	40
38	93	86	80	73	68	62	56	51	47	42
40	93	87	80	74	69	63	58	53	48	44
干湿球温差（℃）	1	2	3	4	6	7	8	9	10	11

注：干湿球温差等于干球温度减去湿球温度。

2.3.3　结露

空气中能容纳水蒸气量的限值与温度有关：空气温度越高，其限值越大；空气温度越低，其限值越小。空气中水蒸气的含量达到饱和（最大限度值）时的温度称为空气的露点温度。当空气温度降到该露点温度以下时，空气中水蒸气的含量就超出了该温度所允许的最大限值，此时，空气中的一部分水蒸气就会凝结成露珠而被分离出来。

每种状态的空气都有对应的露点温度，当空气的露点温度高于物质表面的温度时，空气中的水蒸气就会在物质表面析出来，这种情况叫结露。冬季时用嘴对玻璃吹气，玻璃表面会变模糊，这是由于口气的露点温度比玻璃表面的温度高，所以口气在玻璃表面会有水分析出，如图 2－14 所示。夏季在自来水管外表面上有滴水现象就是物质表面的温度低于空气的露点温度所致。

图 2－14　结露

在蒸发器中，当车内空气经过蒸发器散热片的表面时，由于散热片表面的温度非常低，空气中的水蒸气就会被析出来，这就是通常所说的冷凝水。

2.4　阿伏伽德罗定律

阿伏伽德罗（1776—1856）通过实验证明，相等体积不同种类的气体，在同温度同压强下有相同的分子数。即气体在温度、体积不变的条件下，气体压力的大小与气体分子数量成正比。在一个密闭系统中，如果系统内有气体分子，系统内就会产生压力：气体分子数目越多，系统内压力就越大；气体分子数目越少，系统内压力就越小。轮胎能承受载荷，是因为轮胎内充有空气：空气分子数目越多，轮胎内压力就越大，承受的载荷也就越大。对气球打气，气球会越来越大，就是由于气球内空气分子数目越来越多，压力也就越来越大，使气球逐渐膨胀。气球放气时，由于里面的空气跑掉了，空气分子数目越来越少，气球内压力小了，气球也就变得越来越小了。

气体压力的大小与气体的温度也有关，但由于气体温度的变化对压力影响很小，通常忽略不计。

汽车空调制冷系统也是一个密闭系统。制冷系统内的压力之所以发生变化就是因为气态制冷剂的分子数目发生了变化。

复习题

一、选择题（选择一个正确答案，并将其字母填入题内的括号中）

1. 物质在温度变化时放出或吸收的热量是（　　），在冷凝或蒸发过程中放出或吸收的热量是（　　）。

A. 显热　　B. 潜热

C. 制冷量

2. 物质在冷凝过程中（　　）热量，在蒸发过程中（　　）热量，在凝固过程中（　　）热量。

A. 吸收　　B. 放出

C. 既不吸收也不放出

3. 空气干燥，说明空气的相对湿度（　　），容易吸收水分；空气潮湿，说明空气的相对湿度（　　），吸收水分的能力弱。

A. 大　　B. 小

C. 不变

4. 如果测得某物质的温度为 95 ℉，那么该物质的摄氏温度为（　　）。

A. 35℃　　B. 368℃

C. 95℃　　D. 40℃

5. 1atm 等于（　　）。

A. 0.1kgf/cm^2　　B. 1MPa

C. 1 000kPa　　D. 0.1MPa

6. 当用压力表测出密闭系统内的压力是 2MPa 时，系统内的真实压力为（　　）。

A. 21MPa　　B. 3MPa

C. 1MPa　　D. 2.1MPa

7. 绝对压力 P_j 与表压力 P_b、当地大气压 B 之间的关系是（　　）。

A. $P_j = P_b + B$　　B. $P_j = P_b - B$

C. $P_b = P_j + B$　　D. $B = P_j + P_b$

8. 下列哪一种材料的导热性能最好？（　　）

A. 铁　　B. 铝

C. 铅　　　　D. 锡

9. 密封容器内气体分子数量越多，压力（　　）。

A. 越大　　　　B. 越小

C. 不变

10. 当车内空气经过蒸发器后析出水蒸气，温度下降，相对湿度（　　）；当车内空气经过加热器后温度升高，相对湿度（　　）。

A. 提高　　　　B. 降低

C. 不变

11. 如果空气的干球温度为 21℃，湿球温度为 17℃，那么空气的相对湿度是（　　）。

A. 64%　　　　B. 100%

C. 30%

二、判断题（将判断结果填入括号内，正确的填“√”，错误的填“×”）

1. 物质的温度发生变化，该物质一定是吸收或放出了热量。（　　）
2. 无论在什么条件下，只要物质吸收热量，它的温度就一定升高。（　　）
3. 系统内真空度越高，表示系统内气体越少，负压越大。（　　）
4. 低温物质能自发地向高温物质传热。（　　）
5. 当空气的温度高于物质表面温度时，空气中的水分就会在物质表面析出来。（　　）
6. 物质状态在发生变化的过程中温度也发生变化。（　　）
7. 液体可以进行压缩。（　　）
8. 自然界的空气中总含有一定量的水蒸气。（　　）
9. 真空就是密闭系统内没有空气。（　　）

第 3 章 汽车空调制冷系统

汽车空调制冷系统是汽车空调的主要组成部分，主要作用是不断吸收车内空气的热量，并将它排到车外，使车内空气保持在舒适的温度范围内。

本章将从制冷系统装置、制冷系统的工作过程、制冷剂、冷冻机油、压缩机、冷凝器、蒸发器、节流元件、附属装置、连接管和管接头、汽车空调制冷系统的分类、汽车空调制冷系统的布置等方面深入学习，通过具体零部件的讲解，对汽车空调的组成和工作原理等知识点进行梳理。

3.1 制冷系统装置

汽车空调制冷系统装置主要由压缩机、冷凝器、节流装置、蒸发器和储液干燥器等组成，如图 3－1 所示。用管道依次将这些装置连接成一个封闭系统，制冷剂就在系统里循环流动。各部件的作用如下。

3.1.1 压缩机

压缩机是制冷系统的动力部件，用来提高制冷剂的压力和温度。只有压缩机工作时，制冷剂才能在系统内循环流动。

3.1.2 冷凝器

冷凝器是一种热交换器，制冷剂在冷凝器中与车外空气进行热交换，风扇使车外空气通过冷凝器的散热片表面，加快了来自压缩机的高温高压气态制冷剂将热量传给车外空气的速度。

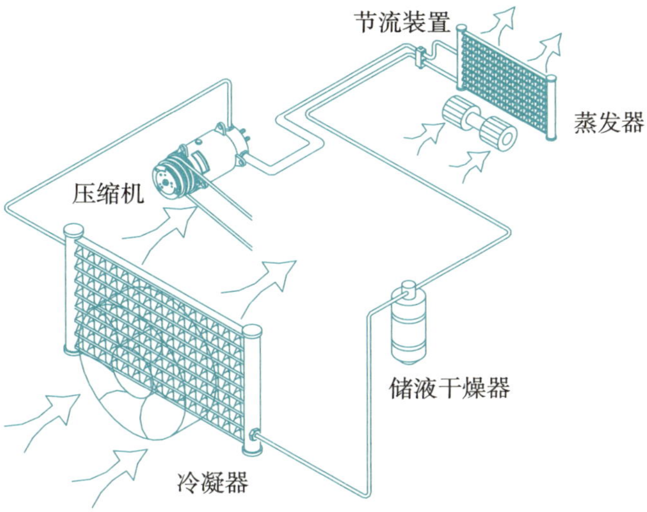

图 3-1　汽车空调制冷系统装置图

3.1.3　节流装置

节流装置是制冷系统的重要部件，对制冷剂进行节流，使制冷剂的压力和温度降低。它是系统中高、低压力和高、低温度的分界线。

3.1.4　蒸发器

蒸发器也是一种热交换器，风机使车内空气通过蒸发器的散热片表面，使制冷剂与车内空气进行热交换，把车内空气的热量传给节流装置输送来的低温低压液态制冷剂，从而达到降低车内空气温度的目的。

3.1.5　储液干燥器

储液干燥器是汽车空调制冷系统的附属装置，目的是提供必要的条件以保证制冷系统正常工作。附属装置还包括气液分离器、视液镜等。每种车型的附属装置不一定相同。

3.2　制冷系统的工作过程

汽车空调制冷系统的工作原理如图 3-2 所示。

制冷系统的工作过程如下：当压缩机工作时，压缩机吸入从蒸发器出来的低温低压的气态制冷剂，经压缩，制冷剂的温度和压力升高，并被送入冷凝器。在冷凝器内，高

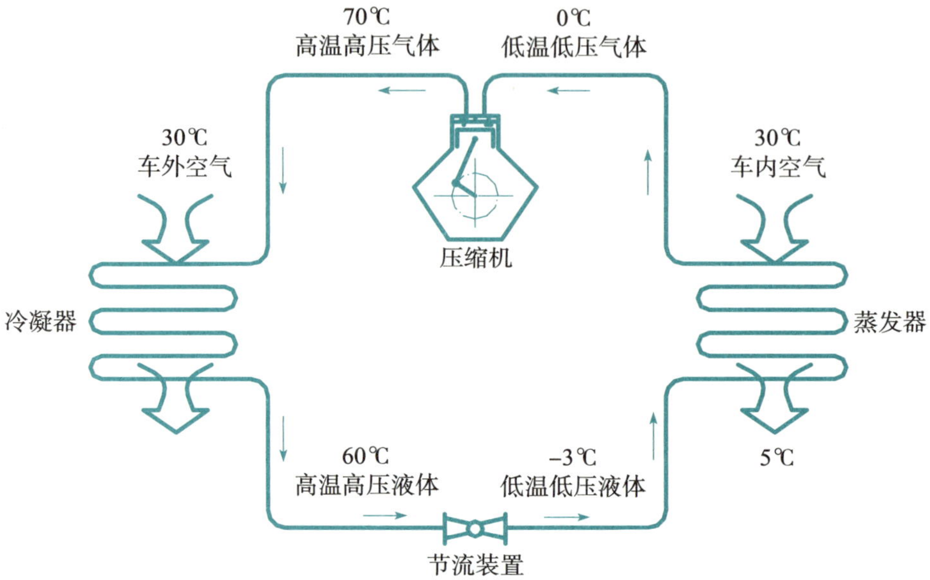

图 3－2　汽车空调制冷系统的工作原理图

温高压的气态制冷剂把热量传递给经过冷凝器的车外空气而液化，变成液体。液态制冷剂流经节流装置时，温度和压力降低，并进入蒸发器。在蒸发器内，低温低压的液态制冷剂吸收经过蒸发器的车内空气的热量而蒸发，变成气体。气体又被压缩机吸入进行下一轮循环。这样，通过制冷剂在系统内的循环，不断地吸收车内空气的热量并排到车外空气中，使车内空气的温度逐渐下降。当车内空气温度达到所设定的温度时，压缩机停止工作；如果车内空气温度升高，压缩机就会重新工作，使车内空气保持在所设定的温度。

从制冷系统的工作过程可以看出，制冷剂在系统里不断循环流动，每次循环包括 4 个过程：压缩过程、冷凝过程、节流过程、蒸发过程。

3.2.1　压缩过程

当压缩机工作时，压缩机吸入从蒸发器出来的低压低温的气态制冷剂，经过压缩后变成高压高温的气态制冷剂，并输入冷凝器。

3.2.2　冷凝过程

在冷凝器内，制冷剂与车外空气进行热交换。由于制冷剂的温度比车外空气的温度高，所以高压高温的气态制冷剂放出热量，把热量通过冷凝器传递给流经冷凝器散热片表面的车外空气，而自身冷凝变成高压高温的液态制冷剂，并流到节流装置。

3.2.3 节流过程

通过节流装置，高压高温的液态制冷剂节流变成低压低温的液态制冷剂，并进入蒸发器。

3.2.4 蒸发过程

在蒸发器内，制冷剂与车内空气进行热交换。由于制冷剂的温度比车内空气的温度低，低压低温的液态制冷剂吸收流经蒸发器散热片表面的车内空气的热量，而自身蒸发变成低压低温的气态制冷剂。

图 3－2 所示温度仅为举例。在实践中，空调运行工况（如车内外空气温度、压缩机转速等）不同，制冷剂的温度也会发生变化。

在每一次循环中，制冷剂在蒸发器内吸收车内空气的热量（$Q_{吸}$），在压缩机内将对制冷剂进行压缩所做的功（W）转变为制冷剂的热量，并通过冷凝器把这些热量排到车外，所以制冷剂每一次循环经冷凝器释放的热量为 $Q_{放}=Q_{吸}+W$。

汽车空调制冷系统是一个密闭系统。当压缩机不工作时，系统内之所以有压力是因为系统内有气态制冷剂且其分子数目不变，系统内的压力也不发生变化。当压缩机工作时，从制冷系统的工作过程可以看出，节流装置把制冷系统分成高压端和低压端。从压缩机出口处到节流装置进口处，制冷剂的压力为高压力，我们称之为高压端；从节流装置出口处到压缩机进口处，制冷剂的压力为低压力，我们称之为低压端。原因是：当压缩机工作时，由于压缩机不断抽吸从蒸发器出来的气态制冷剂并向冷凝器输送，使得从蒸发器到压缩机内的气态制冷剂的分子数目不断减少，逐渐产生低压，而从压缩机到冷凝器内的气态制冷剂的分子数目不断增多，逐渐产生高压。当然，在冷凝器内，由于气态制冷剂放热冷凝成液态制冷剂，气态制冷剂的分子数目不会无限增多，所以压力也不会无限升高。在稳定的工作状况下，当压缩机输送气态制冷剂的分子数目和气态制冷剂转变成液态制冷剂的分子数目相同时，压力值就会稳定在一定的范围内。同样，在蒸发器内，由于液态制冷剂吸热蒸发成气态制冷剂，气态制冷剂的分子数目不会无限减少，所以压力也不会无限下降。在稳定的工作状况下，当被压缩机抽吸气态制冷剂的分子数目和液态制冷剂转变成气态制冷剂的分子数目相同时，压力值就会稳定在一定的范围内。

3.3 制冷剂

制冷剂（俗称雪种）是循环流动在制冷系统内的工作物质，其通过自身状态变化来实现热交换，从而达到制冷的目的。在蒸发器内，制冷剂蒸发，由液体变成气体，吸收了车内空气的热量，使车内空气温度下降；在冷凝器内，制冷剂冷凝，由气体变成液体，放出热量并排到车外。简单地说，车内空气的热量是通过制冷剂排到车外的。

制冷系统中能用作制冷剂的物质很多，汽车空调制冷系统常用的制冷剂有两种：R12 和 R134a。其中 R12 对环境破坏严重，为此我国规定从 2002 年 1 月 1 日起下线的汽车必须停止使用 R12，而改用 R134a。但仍有部分旧车的空调还在使用 R12。

3.3.1 R134a 制冷剂的性能

R134a 制冷剂学名四氟乙烷（$C_2H_2F_4$），代号 R134a（HFC-134a）。R134a 与 R12 的物理性质对比见表 3－1。

表 3－1　R134a 和 R12 物理性质对比表

项目	R134a	R12
分子式	$C_2H_2F_4$	CCl_2F_2
分子量	102.031	120.91
大气压力下的蒸发温度（℃）	−26.18	−29.8
0℃饱和蒸气压（kPa）	293.14	308.57
0℃汽化潜热（kJ/kg）	197.89	154.87
0℃饱和蒸气比容（m^3/kg）	0.068 16	0.056 67
10℃饱和蒸气压（kPa）	414.88	423.01
10℃汽化潜热（kJ/kg）	190.13	149.07
10℃饱和蒸气比容（m^3/kg）	0.048 72	0.042 04
50℃饱和蒸气压（kPa）	1 317.19	1 214.65
60℃饱和蒸气压（kPa）	1 680.47	1 518.17
与现有冷冻机油的溶合性	差	好
液态导热系数	大	小

R134a 制冷剂性能如下：

（1）R134a 制冷剂能溶解氯丁二烯橡胶，所以氯丁二烯橡胶不能作为密封垫圈，而通常使用丁腈橡胶作为密封垫圈。

（2）R134a 制冷剂与矿物油不相容，所以 R134a 制冷系统用的润滑油是合成油，如 PAG 油。

（3）R134a 制冷剂对铜金属有腐蚀作用，所以制冷系统的管路不能使用铜管。

（4）R134a 制冷剂对大气臭氧层没有破坏作用，是目前取代 R12 较为理想的制冷剂。

3.3.2　制冷剂的饱和温度和饱和压力的关系

制冷剂在饱和状态下冷凝，这时所对应的温度和压力分别称为制冷剂的饱和温度（冷凝温度）和饱和压力（冷凝压力）。R134a 的饱和温度与饱和压力的关系见表 3－2。在一定的压力下，制冷剂只有达到相对应的温度（即饱和温度）时才能冷凝。

表 3－2　R134a 的饱和温度与饱和压力的关系

温度（℃）	压力（kPa）	温度（℃）	压力（kPa）	温度（℃）	压力（kPa）
−12	85	14	372	40	916
−10	100	16	404	42	972
−8	117	18	437	44	1 030
−6	134	20	471	46	1 090
−4	152	22	507	48	1 152
−2	172	24	545	50	1 217
0	192	26	585	52	1 285
2	214	28	626	54	1 355
4	237	30	670	56	1 472
6	262	32	715	58	1 503
8	287	34	762	60	1 580
10	314	36	811	—	—
12	343	38	862	—	—

从表 3－2 可以看出，制冷剂的饱和温度和饱和压力是一一对应的，随着制冷剂饱和压力的升高，其饱和温度也上升；随着制冷剂饱和压力的降低，其饱和温度也下降。

3.4　冷冻机油

冷冻机油是制冷系统中压缩机的润滑油。冷冻机油的品种、规格及数量是否合适对系统制冷效果的好坏和压缩机寿命的长短都有影响。

3.4.1　冷冻机油的作用

（1）润滑作用。冷冻机油可以减少压缩机运动部件的摩擦和磨损，延长压缩机的寿命。

（2）冷却作用。冷冻机油和制冷剂相容，在制冷系统内不断循环，因此能带走压缩机工作过程中产生的大量热量并通过冷凝器排到车外，使部件能保持在一定的温度下工作，从而提高压缩机的工作效率。

（3）密封作用。冷冻机油对活塞与缸壁之间以及压缩机各轴封处的油封起密封作用，防止制冷剂泄漏。在连接管路时，一般也在管路接头的结合面涂上冷冻机油，以提高接头的密封性能。

3.4.2 冷冻机油的性能

因汽车空调系统的特殊工作环境，冷冻机油的性能有别于其他润滑油。其主要性能如下：

（1）适当的黏度。冷冻机油具有一定的黏度，能在摩擦表面形成油膜，起到润滑的作用。如果冷冻机油黏度太大，摩擦表面阻力也会变大，从而会增加发动机的功耗；如果冷冻机油黏度太小，油膜容易磨穿，从而会影响润滑效果。

（2）较好的黏温特性。在制冷系统的工作过程中，最高工作温度可达 120℃，最低温度则在 0℃以下。冷冻机油的黏度受温度的影响比较小，在各种温度下都具有良好的润滑性能。

（3）良好的低温流动性。冷冻机油在蒸发器与制冷剂分离后能流回压缩机，避免造成堵塞。

（4）与制冷剂相容。冷冻机油与制冷剂相容，可随制冷剂在系统内循环流动。否则过多的冷冻机油积聚在冷凝器内，不仅影响冷凝器的散热效果，也会造成压缩机缺油而影响润滑效果。

（5）具有良好的化学稳定性。冷冻机油在高温下不氧化、不分解，也不会出现结胶和结碳现象。

（6）腐蚀性小。冷冻机油对金属、橡胶、干燥剂等无腐蚀作用。

（7）吸水性小。冷冻机油吸水性小，可避免冷冻机油吸水流经节流装置时水分因温度过低结冰造成冰堵现象。

3.4.3 冷冻机油的种类

实务中，冷冻机油分为矿物油和合成油两种。矿物油与 R12 制冷剂相溶，适用于以 R12 为制冷剂的空调制冷系统；与 R134a 不相溶，不适用于以 R134a 为制冷剂的空调制冷系统，因此本书不作介绍。目前一般用 PAG 和 POE 两类合成油作为以 R134a 为制冷剂的空调制冷系统的冷冻机油。

（1）PAG 冷冻机油。PAG 冷冻机油是一种合成多元醇，存在着与 R134a 相容性差等缺点，主要用于 R134a 制冷剂使用的初期，且经过改性处理。

（2）POE 冷冻机油。POE 冷冻机油是一种合成多元醇脂，具有很好的黏温特性和良好的热稳定性，与 R134a 的互溶性比 PAG 冷冻机油要好，也不容易使制冷系统产生镀铜现象。POE 冷冻机油与 R12 也相溶。

合成油一般与丁腈橡胶、氯丁橡胶有较好的相容性，而矿物油与氯丁二烯橡胶相容。

3.4.4　冷冻机油使用注意事项

（1）由于合成油吸水性强，极易受潮，因此，对合成油必须进行专门处理，不允许使过多的水分进入制冷系统。使用后必须立即将容器盖紧，并放在阴暗处。

（2）要使用与制冷剂相应的冷冻机油。不同型号的冷冻机油不能混装、混用。

（3）变质的冷冻机油不能使用。

（4）应按照压缩机和制冷系统的要求加入规定量的冷冻机油。

（5）补充制冷剂和更换部件时先补充适量的冷冻机油。

3.5　压缩机

压缩机是汽车空调制冷系统的重要部件，它的好坏直接影响着制冷效果的好坏。有了压缩机的抽吸作用，才能使蒸发器管内制冷剂的压力降低，制冷剂才能在低温下蒸发，从而吸收车内空气的热量，使车内空气降温；压缩机吸入的是低温低压的气态制冷剂，经过它的压缩，把低温低压的气态制冷剂转变为高温高压的气态制冷剂，进入冷凝器后向外界排出热量；制冷剂在系统中不断循环，压缩机就是制冷剂循环的动力。

3.5.1　汽车空调压缩机的特点

汽车空调压缩机与其他空调压缩机有明显的不同，主要表现如下：

（1）除客车空调是由专门的辅助发动机驱动外，一般的汽车空调压缩机都是由汽车自身的发动机驱动的，所以其制冷量受发动机的转速影响较大：发动机的转速越高，压缩机的制冷量就越大。

（2）汽车空调压缩机没有冷却装置，压缩机产生的热量由制冷剂和冷冻机油带走，排入流经冷凝器的空气。

（3）开空调时，汽车空调压缩机的工作由电磁离合器控制。

（4）汽车发动机舱温度较高，汽车行驶时颠簸振动也很大，所以汽车空调压缩机部件耐高温，抗震性较好。

3.5.2 汽车空调压缩机的种类

汽车空调用压缩机一般是容积式结构，即通过容积的变化对制冷剂进行压缩。目前汽车空调用压缩机的种类主要有两大类：定排量压缩机和变排量压缩机。定排量压缩机是指压缩机在转速一定的情况下其排量不变，而变排量压缩机的排量是可以变化的。

下面主要介绍比较常见的摇摆斜盘式定排量压缩机的结构与工作原理。

1. 摇摆斜盘式压缩机的结构

图 3－3 是 SD-508 型摇摆斜盘式压缩机的结构剖视图，图 3－4 是 SD-508 型摇摆斜盘式压缩机的结构分解图。摇摆斜盘式压缩机的结构由以下部分组成：

（1）机体。

机体由前端盖、气缸体、后端盖 3 部分组成。

前端盖与皮带轮连接，皮带轮通过轴承空套在前端盖上。

气缸体内有 5 个气缸，均匀分布在一个圆周里，活塞就在气缸里往复运动。气缸体上有油塞，用来加注和排放冷冻机油。在气缸体表面一般都贴有铭牌，上面是一些有关压缩机的技术参数，如图 3－5 所示。

从铭牌上可以看出：压缩机用的冷冻机油型号为SUNISO-5GS或同性质的机油，制冷剂为 HFC-134a（即 R134a）。

后端盖上有两个接头和两个腔：一个是进气腔和进气口接头，从蒸发器出来的气体先从进气口接头流到进气腔，再被吸入气缸；另一个是排气腔和排气口接头，经过压缩后的气体先排到排气腔，再从排气口接头排到冷凝器。后端盖还有两个充注接头，分别是高、低压充注接头，用来检测系统高、低侧压力和充注制冷剂。其中高压充注接头与排气腔相通，低压充注接头与进气腔相通。两个充注接头不使用时用盖帽封住，以免接头内蓄积灰尘，在充注时随制冷剂进入系统内。

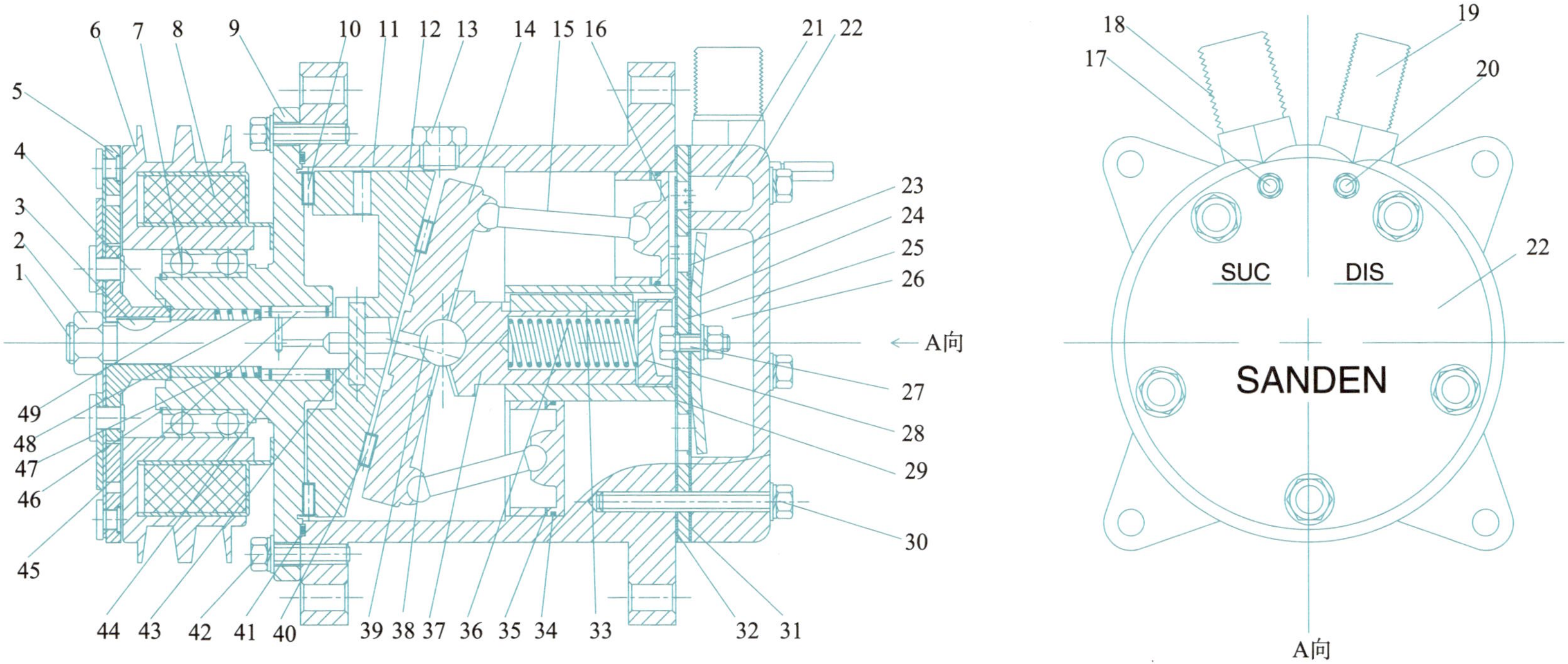

图 3－3　SD-508 型摇摆斜盘式压缩机结构剖视图

1—主轴　2—从动盘固定螺栓　3、33—键　4—调整垫片　5—从动盘　6—皮带轮　7—轴承　8—电磁线圈　9—前缸盖　10、40—平面止推轴承　11—气缸体　12—斜盘　13—油塞　14—摇板　15—连杆　16—活塞　17—低压侧充注接头及盖帽　18—进气口接头　19—排气口接头　20—高压侧充注接头及盖帽　21—进气腔　22—后缸盖　23—排气阀片　24—限位板　25—阀板　26—排气腔　27—进排气阀片固定螺栓及螺母　28—调节螺母　29—进气阀　30—后端盖固定螺栓　31、32—密封垫片　34—活塞环　35—油孔　36—压紧弹簧　37—定齿轮　38—钢球　39—动齿轮　41—O 形密封圈　42—前端盖固定螺栓　43—固定销　44—油道　45—滚针轴承　46—卡环　47—弹簧　48—弹簧座　49—轴套

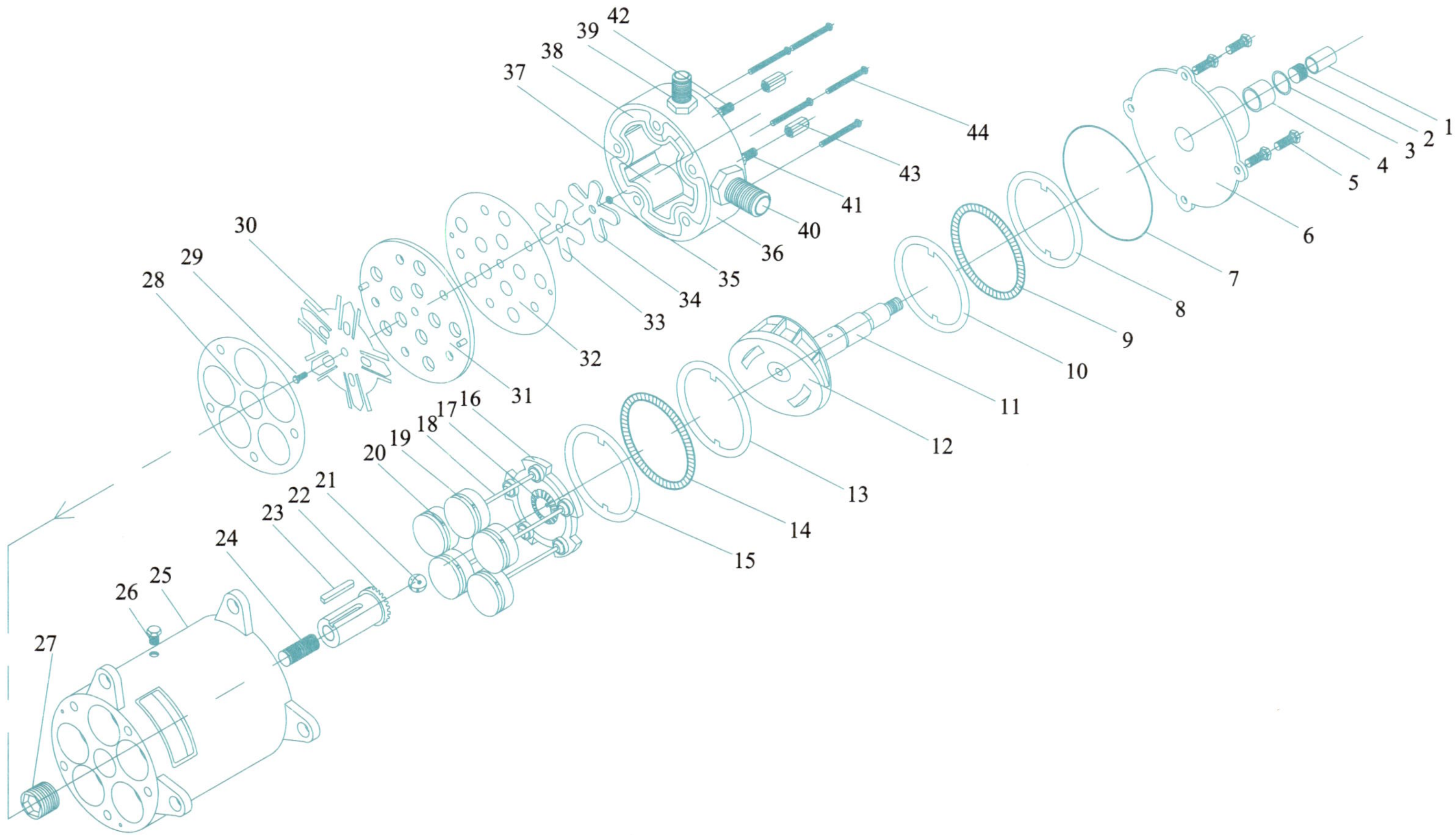

图 3－4　SD-508 型摇摆斜盘式压缩机结构分解图

1—轴套　2—弹簧　3—弹簧座　4—滚针轴承　5—前端盖固定螺栓　6—前端盖　7—O 形密封圈　8、10、13、15—垫片　9、14—平面止推轴承　11—主轴　12—斜盘　16—摇板　17—动齿轮　18—连杆　19—活塞　20—活塞环　21—钢球　22—定齿轮　23—键　24—压紧弹簧　25—气缸体　26—油塞　27—调节螺栓　28、32—密封垫片　29—进排气阀片固定螺栓　30—进气阀片　31—阀板　33—排气阀片　34—限位板　35—进排气阀片固定螺母　36—后端盖　37—排气腔　38—进气腔　39—排气口接头　40—进气口接头　41—低压侧充注接头　42—高压侧接头　43—盖帽　44—后端盖固定螺栓

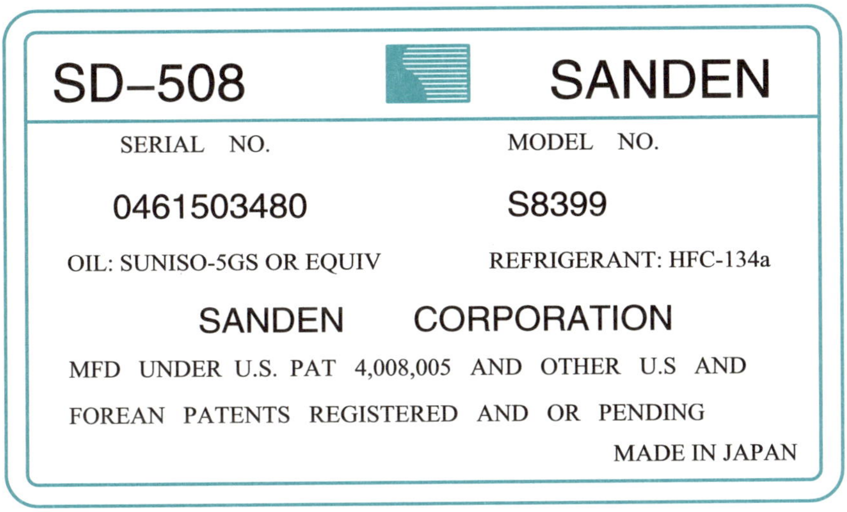

图 3－5 压缩机铭牌

为了区分进出口接头，避免在接压力表时接错，压缩机一般都用字母标明进出口接头。如图 3－3 所示的 A 向视图，“SUC”（上）对着的接头为进气口接头，对着的充注接头为低压侧充注接头；“DIS”（上）对着的接头为排气口接头，对着的充注接头为高压侧充注接头。

前端盖和后端盖通过螺栓固定在气缸体上，从而形成一个压缩机整体。

（2）主轴。

主轴是动力输入轴，前端与离合器从动盘连接，后端与斜盘固定。在压缩机工作时，从动盘与皮带轮接触，动力由皮带轮通过从动盘传到主轴，从而带动斜盘旋转。

（3）摇摆斜盘机构。

摇摆斜盘机构主要由斜盘、摇板、动齿轮、定齿轮、压紧弹簧等组成。斜盘套在主轴上，用固定销固定，随着主轴旋转。由于压紧弹簧的作用，摇板紧靠着斜盘的斜面，中间用平面止推轴承隔开。摇板的防自转结构是一对齿数相等的伞形啮合齿轮，其中一个齿轮固定在摇板上，随着摇板摆动，叫动齿轮，另一个齿轮通过平键连接在气缸中心上，并通过钢球与动齿轮啮合，称为定齿轮。摇板在斜盘的推动下运动，由于有定齿轮的限制，摇板只能做摇摆运动，带动活塞做左右往复运动。调节螺母可以用于弹簧座，也可以用来调节弹簧预紧力，使齿轮、摇板、斜盘紧密结合。

（4）活塞连杆组。

活塞连杆组由活塞、连杆组成。SD-508 压缩机有 5 个活塞连杆组，均匀分布在摇板上。活塞上有一道活塞环，起密封作用。连杆两端呈球状，分别与摇板、活塞球窝连接。

（5）进、排气阀组件。

进、排气阀组件由进气阀片、排气阀片、阀板、限位板组成。由于进、排气阀片比较薄，所以用阀板来加强阀片的强度。进气阀片上有进气门，如图 3－6 所示。限位板和排气阀片呈星状，由于限位板是向上弯曲的，所以当与排气阀片固定在一起时，可以限制排气阀片的开度（见图 3－7），避免排气阀片开度过大而损坏排气阀片。

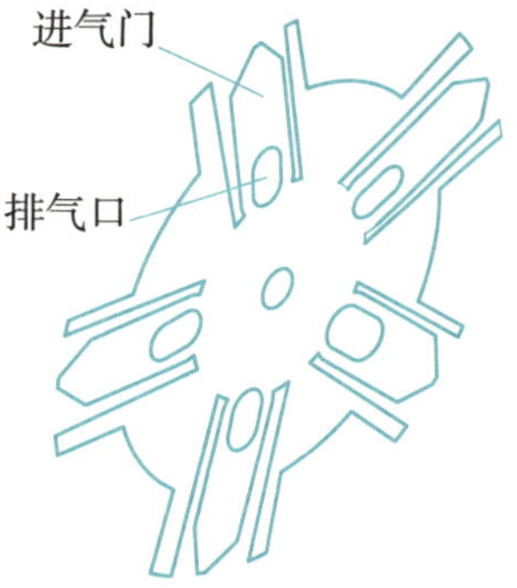

图 3－6　进气阀片

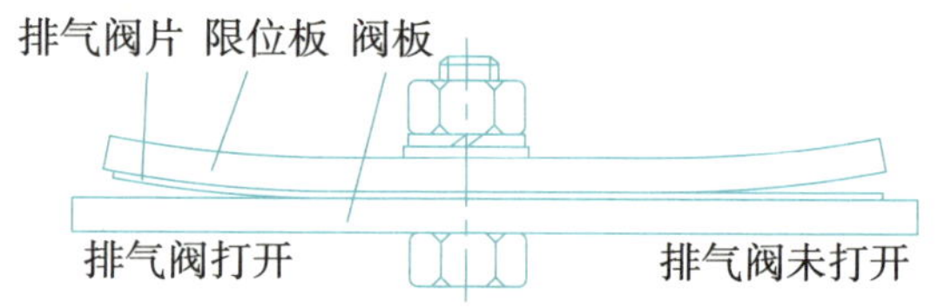

图 3－7　限位板的作用

进、排气阀是靠压力差打开的。当活塞下行时，气缸内的压力降低，当进气腔内压力 $P_{进气腔}$大于气缸内压力 $P_{气缸}$时，从蒸发器来的低压低温气态制冷剂推开进气门进入气缸内，如图 3－8（a）所示。由于排气腔的压力 $P_{排气腔}$大于气缸内压力 $P_{气缸}$，此时的排气阀是关闭的。当活塞上行时，气态制冷剂被压缩，压力升高，当气缸内压力 $P_{气缸}$大于进气腔内压力 $P_{进气腔}$时，进气门被压向关闭位置。当活塞继续上行，制冷剂的压力也继续升高，当气缸内压力 $P_{气缸}$大于排气腔的压力 $P_{排气腔}$时，被压缩了的高温高压气态制冷剂冲开排气阀，进入排气腔，并送入冷凝器，如图 3－8（b）所示。

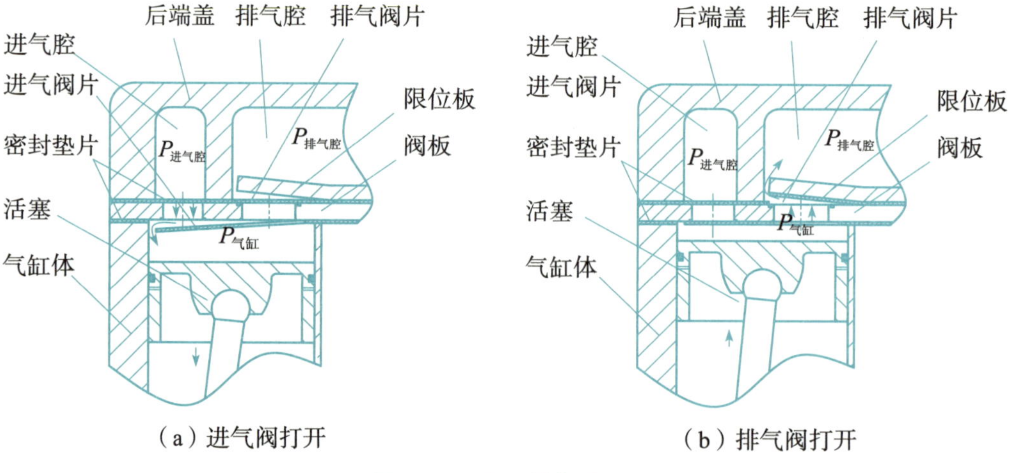

图 3－8　进、排气过程

（6）密封组件。

密封组件由油封、密封垫组成，油封由弹簧、轴套组成，作用是防止润滑油泄漏。前端盖与气缸体之间用 O 形密封橡胶圈密封，后端盖与阀板、阀板与气缸体之间分别用垫片密封。

摇摆斜盘式压缩机的润滑采用飞溅润滑方式，即通过斜盘或摇板的撞击，使冷冻机油飞溅到各个润滑部位。活塞上有一小孔，飞溅的润滑油可以通过小孔进到活塞与气缸壁之间。主轴上有油道，润滑油可以从油道进入轴承。

2. 摇摆斜盘式压缩机的工作原理

摇摆斜盘式压缩机对制冷剂气体的压缩是由活塞在气缸内改变工作容积来完成的。当主轴旋转时，斜板随之转动。由于定齿轮的作用，摇板在斜盘的推动下只能作摇摆运动。摇板在摇摆过程中带动活塞往复运动。在活塞往复运动中，压缩机可以对制冷剂气体进行压缩、排气、膨胀、吸气等工作，不断吸入低压气体，排出高压气体。如图 3－9 所示。

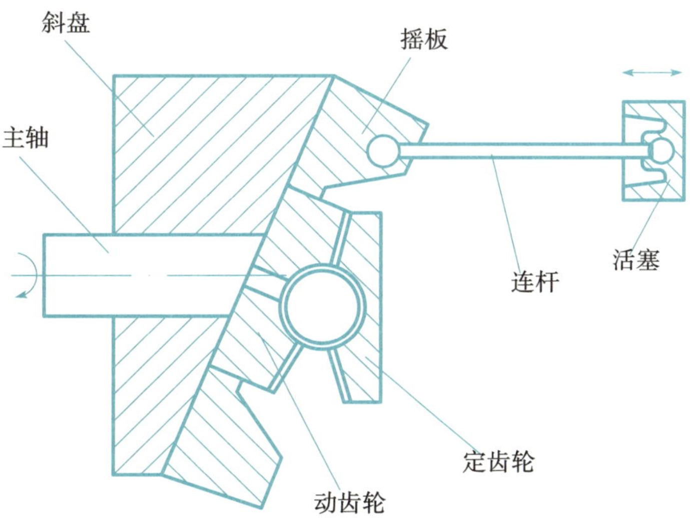

图 3－9 摇摆斜盘式压缩机的工作原理图（一）

图 3－10 表示了摇摆斜盘式压缩机在每一次工作循环的 4 个过程中活塞与进、排气阀动作的相互关系。

（1）压缩过程。

当活塞处于最下端位置 Ⅰ—Ⅰ（称为下止点或下死点）时，气缸内充满了从蒸发器吸入的低压制冷剂气体，吸气过程结束。活塞在曲轴连杆机构的带动下开始向上移动时，吸气阀关闭，气缸的工作容积逐渐减小。密闭在气缸内的气体的压力和温度因容积的减小而逐步升高；当活塞向上移动到位置Ⅱ—Ⅱ时，气缸内的气体压力升高到略高于排气腔中的压力，排气阀自动打开开始排气。制冷剂气体在气缸内从进气时的低压升高到排气时的高压的过程称为压缩过程。

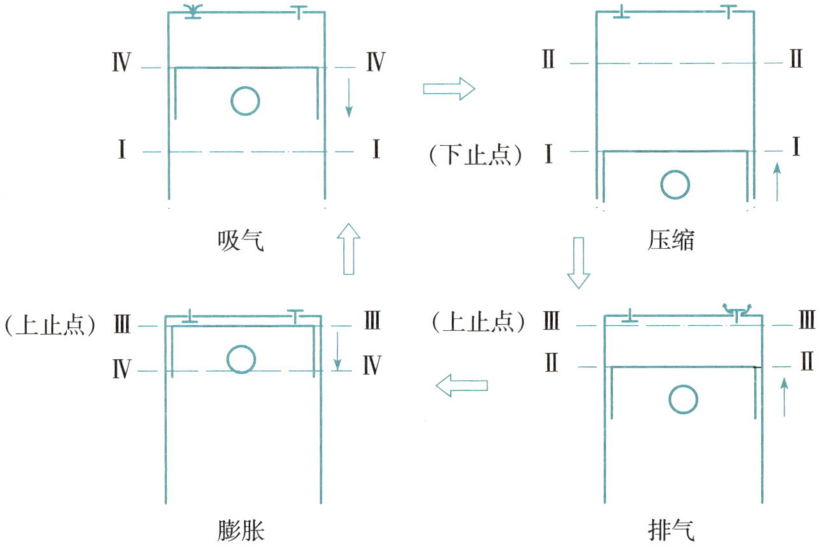

图 3－10　摇摆斜盘式压缩机的工作原理图（二）

（2）排气过程。

活塞继续向上运动，气缸内的气体压力不再升高，而是不断地经过排气阀向排气腔输出，直到活塞运动到最高位置Ⅲ—Ⅲ（称为上止点或上死点）时，排气过程结束。气体从气缸向排气腔输出的过程称为排气过程。

（3）膨胀过程。

当活塞运动到上止点位置时，活塞顶部与阀板之间存在一定的间隙，该间隙所形成的容积称为余隙容积。排气过程结束时，由于余隙的存在，所以在气缸余隙容积内便存有一定数量的高压气体。当活塞开始向下移动时，排气阀关闭，进气腔内的低压蒸气不能立即进入气缸，而是将残留在气缸内的高压气体容积增大使其压力下降，直至气缸内的压力下降到稍低于进气腔中的压力时为止。活塞位置由Ⅲ—Ⅲ移动到Ⅳ—Ⅳ的过程称为膨胀过程。

（4）吸气过程。

当活塞运动到Ⅳ—Ⅳ位置时，进气阀自动打开。活塞继续向下运动时，低压气体便不断地由蒸发器经进气腔和进气阀进入气缸，直到活塞到达下止点Ⅰ—Ⅰ的位置时为止。这一过程称为吸气过程。

完成吸气过程后，活塞又从下止点向上止点运动，重新开始压缩过程，如此周而复始。压缩机经过压缩、排气、膨胀和吸气 4 个过程，将蒸发器内的低压制冷剂气体吸入使其压力升高后排入冷凝器，完成抽吸、压缩和泵送制冷剂的工作过程。

在压缩过程中，由于温度和压力升高，如果气体中含有液体，则液滴迅速蒸发，所释放的能量使气缸的压力瞬间骤增，活塞的阻力突然加大，就像受到重击一样，这就是“液击”现象。“液击”会造成部件的损坏。由于液体不可压缩，被推至顶部时，如果吸入的液体太多，来不及排走，活塞不能上行，就会造成连杆变形，甚至折断。

3.5.3　电磁离合器的结构和工作原理

汽车空调压缩机是由发动机直接驱动的，而压缩机上的电磁离合器就是用来断开或接通发动机与压缩机动力传动装置的控制元件。

1. 电磁离合器的结构

压缩机电磁离合器主要由从动盘、皮带轮及电磁线圈等组成，如图 3－11 所示。

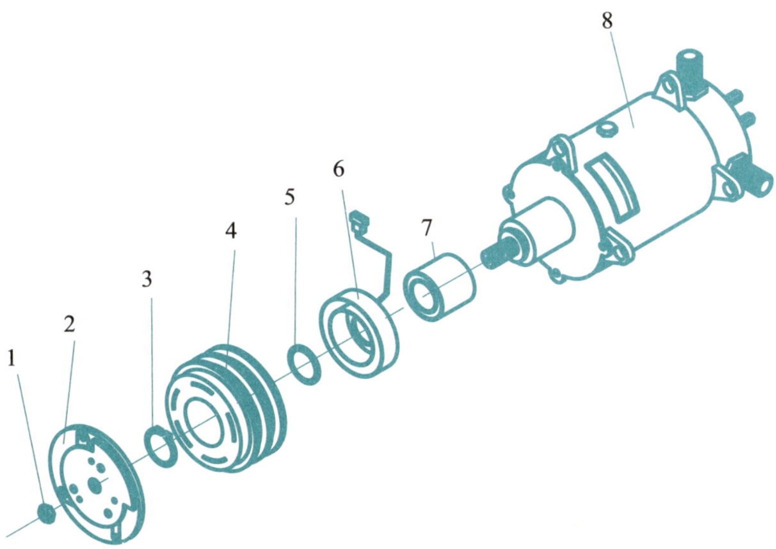

图 3－11　压缩机电磁离合器分解图

1—螺母　2—从动盘　3—卡环　4—皮带轮　5—调整垫片　6—电磁线圈　7—轴承　8—压缩机

（1）从动盘。

从动盘主要由摩擦板、回位弹簧、轴套（带键槽）、驱动板组成。摩擦板相当于一块磁铁，当电磁线圈通电产生电磁力时，摩擦板与皮带轮吸合，压缩机主轴与皮带轮一起转动，获得发动机的动力；当电磁线圈不通电时，电磁力消失，摩擦板与皮带轮断开，压缩机主轴失去动力。

回位弹簧是钢式片弹簧，当电磁线圈不通电电磁力消失时，可让摩擦板与皮带轮迅速分开，以免摩擦板因分离不及时与皮带轮产生摩擦而被烧坏。

轴套铆合在驱动板上，与压缩机主轴通过键连接，驱动板和摩擦板又通过回位弹簧铆合联结成一个整体。

（2）皮带轮。

皮带轮一侧平面与摩擦板相吸合，上面有许多供磁力线通过的长槽。皮带轮内圈装有轴承，与压缩机前端盖套在一起。皮带轮与发动机曲轴上的皮带轮通过皮带连接，随发动机曲轴一起工作，如图 3－12 所示。

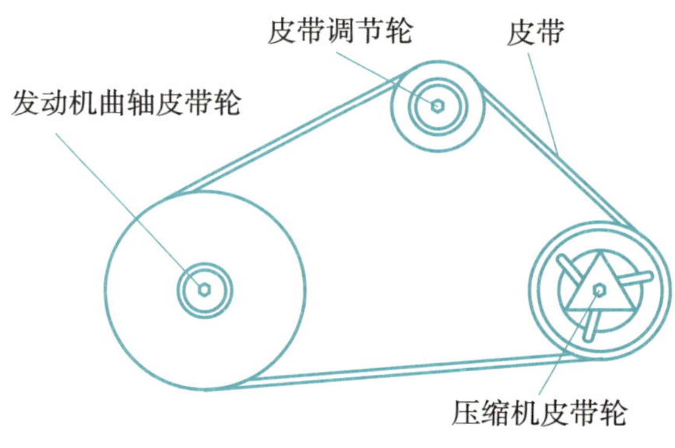

图 3－12　皮带轮驱动方式

皮带的张紧度不能太紧，否则容易使皮带折断；皮带的张紧度也不能太松，否则皮带容易打滑，导致压缩机动力不足。在实践中，可用手以 $10N/m^2$ 的力往下压皮带，皮带能压下 10mm 左右为合适，否则应通过皮带调节轮进行调整，如图 3－13 所示。

（3）电磁线圈。

电磁线圈由线圈外壳、线圈及接线组成。线圈的负极直接搭在线圈的外壳上，接线接的是电源的正极。

2. 电磁离合器的工作原理

当电磁离合器线圈不通电时，摩擦板与皮带轮分离，如图 3－14（a）所示，这时皮

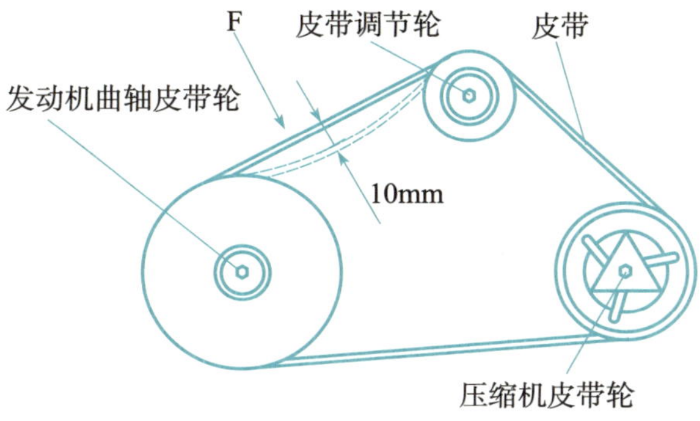

图 3-13 皮带张紧度

带轮空转，压缩机不工作。

当电磁离合器线圈通电时，则产生较强的磁场，使电磁离合器的摩擦板和皮带轮相吸合，皮带轮带动摩擦板转动，摩擦板通过回位弹簧与驱动板同步转动，由于轴套与压缩机主轴通过键连接，因而驱动压缩机主轴转动，压缩机便开始工作，如图 3-14（b）所示。动力传递的过程是：发动机皮带轮—皮带—压缩机皮带轮—摩擦板—回位弹簧—驱动板—轴套—键—压缩机主轴。

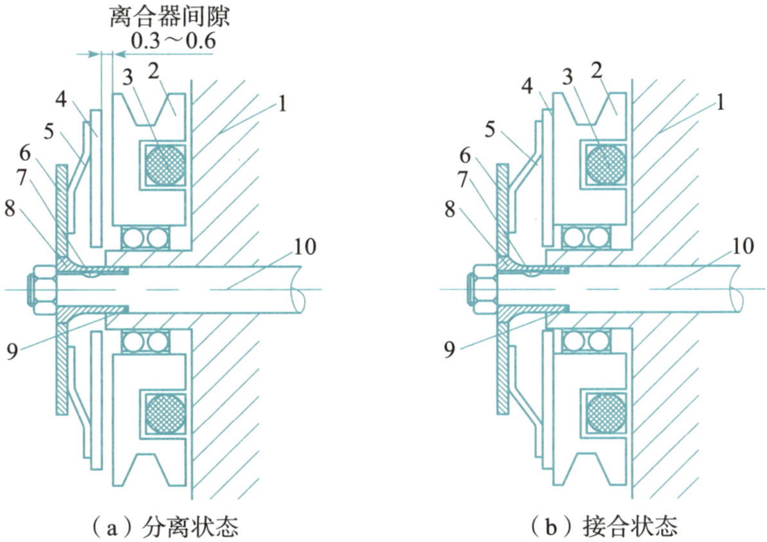

图 3-14 压缩机离合器工作原理图

1—压缩机机体 2—皮带轮 3—线圈 4—摩擦板 5—回位弹簧 6—驱动板 7—键 8—轴套 9—调整垫片 10—压缩机主轴

当电磁离合器线圈断电时，磁场消失，由于回位弹簧的作用使电磁离合器的摩擦板与皮带轮迅速分开，从动盘和压缩机主轴停止转动，压缩机便停止工作。这时压缩机皮带轮空转。

3. 离合器间隙

离合器间隙是指摩擦板与皮带轮之间的间隙，如图 3 - 14（a）所示。离合器间隙太小，会造成摩擦板与皮带轮分离不彻底；离合器间隙太大，会造成摩擦板与皮带轮结合不紧密，压缩机动力不足。离合器的合适间隙一般为 0.3 ～ 0.6mm。

离合器间隙可以通过调整垫片进行调整。当离合器间隙过大时，可以采用厚度小的调整垫片；当离合器间隙过小时，可以采用厚度大的调整垫片。

摩擦板与皮带轮之间的摩擦表面不能沾有油迹，否则从动盘会打滑，造成压缩机不能工作或动力不足。

3.6 冷凝器

冷凝器是一种将制冷剂与车外空气进行能量交换的热交换器，它把来自压缩机的高温高压的气态制冷剂的热量传递给流经冷凝器周围的空气，从而使高温高压的气态制冷剂冷凝成高温高压的液态制冷剂。制冷剂放出的热量包括两部分：制冷剂在蒸发器吸收的热量和压缩机对制冷剂做功所产生的热量。

常用的冷凝器主要有管带式冷凝器、平行流式冷凝器、管片式冷凝器。

3.6.1 冷凝器的结构

1. 管带式冷凝器的结构

如图 3 - 15 所示，管带式冷凝器是由一整根蛇形铝扁管和波浪形铝散热片焊接而成。

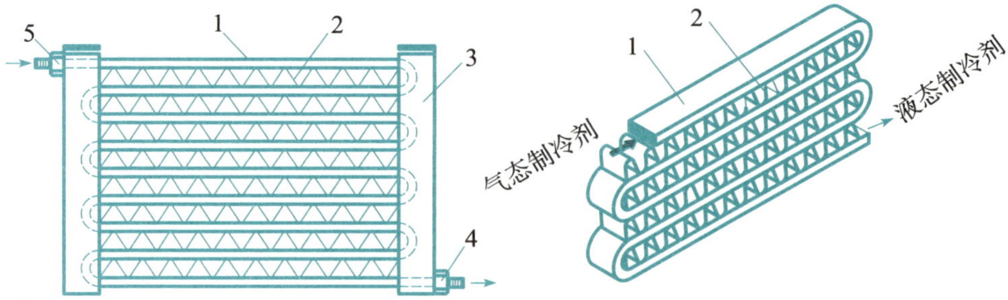

图 3 - 15　管带式冷凝器

1—扁管　2—散热片　3—支架　4—出口接头　5—进口

扁管内有三四个槽，制冷剂就在扁管内分 3 路或 4 路流动。扁管内侧带有肋片，可以提高传热效率。

散热片的作用是增大热交换面积，制冷剂的热量通过散热片传给周围的空气。支架可以起保护和密封的作用，使空气不能从圆弧处通过而只能从散热片通过。

一般而言，颜色越深的物体辐射能力越强，为增强散热效果，冷凝器表面一般涂成黑色。

2. 平行流式冷凝器的结构

如图 3－16 所示，平行流式冷凝器是由管带式冷凝器演变而成的，也是由铝扁管和铝散热片组成，所不同的是扁管不是弯曲成管带形，而是每一根都是截断的，两端分别与集流管连接。集流管内是分段的，中间由隔片隔开，起到分流和汇流的作用。每段的管子数可以相等，也可以不相等。如图 3－16 箭头所示，刚进入冷凝器时的制冷剂呈气态，比容较大，占用的管子数多，随着气态制冷剂逐渐变为液态，比容变小，占用的管子数也相应减少。

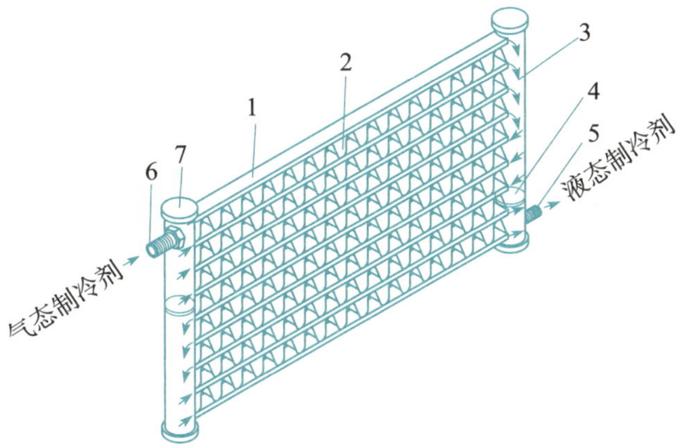

图 3－16　平行流式冷凝器

1—扁管　2—散热片　3—集流管　4—隔片　5—出口接头　6—进口接头　7—密封盖

平行流式冷凝器主要用于 R134a 制冷剂系统。

3. 管片式冷凝器的结构

如图 3－17 所示，管片式冷凝器主要由铜管和翅片组成。翅片是散热片，以一定间距紧套在铜管上。铜管两端用弯管头连接，制冷剂就在管内流动。气体制冷剂先流入集气管，然后分几路流入冷凝器，被车外空气吸收热量后变成液体，汇流到集液管后排出冷凝器。

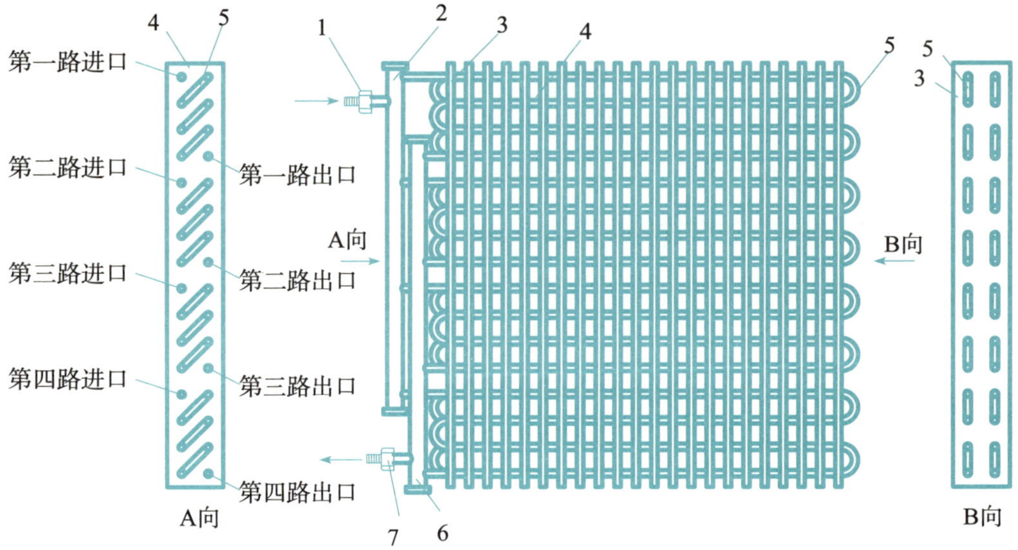

图 3-17　管片式冷凝器

1—进口接头　2—集气管　3—翅片　4—铜管　5—弯管头　6—集液管　7—出口接头

管片式冷凝器一般用在大型客车上。

3.6.2　冷凝器的风机

一般汽车空调的冷凝器和散热器共用一个风机，风机其实是一个风叶，此风叶由发动机直接驱动。大多使用 R134a 的汽车空调由于其系统压力高，而且现在有许多汽车前面的格栅很密，有的还有保险杠，使得前部进风量更少，所以有必要通过冷凝器风机增加风量。

如图 3-18 所示，冷凝器风机上的风向与散热器风叶上的风向保持一致，所以冷凝器风机有旋转方向标记，风机旋转方向不能改变，否则增加不了风量，影响冷凝器散热。有些汽车空调的冷凝器风机还分高、低速档：当水温低于 70℃时冷凝器风机不工作；当水温在 70℃～95℃时冷凝器风机低速运转；当水温高于 95℃时冷凝器风机高速运转。所以取下车钥匙时如果水温过高，冷凝器风机仍会运转，直到水温降下来时为止。另外，冷凝器的转速还与系统压力有关。

3.6.3　冷凝器的工作原理

在冷凝器内，车外空气和制冷剂进行热交换，把制冷剂的热量传到车外，如图 3-19 所示。冷凝器的工作分为以下 3 个过程。

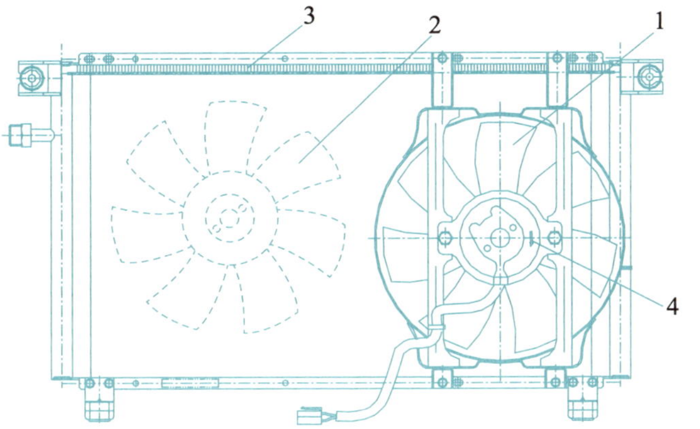

图 3－18　冷凝器总成

1—冷凝器风机　2—散热器风叶　3—冷凝器　4—电机旋转方向标记

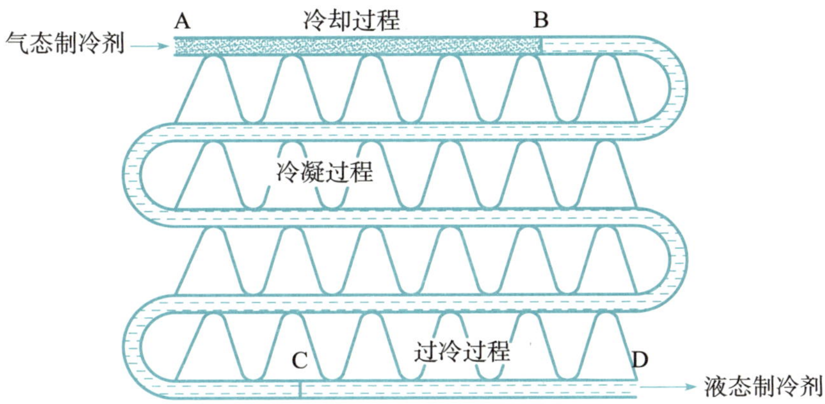

图 3－19　冷凝器工作原理图

1. 冷却过程（A—B）

在一定压力下，当从压缩机来的高压高温气态制冷剂流经冷凝器扁管时，由于制冷剂的温度比流经冷凝器的车外空气的温度高，其热量马上通过扁管和散热片传递给了空气，温度迅速下降。

2. 冷凝过程（B—C）

当制冷剂的温度达到该压力所对应的饱和温度时，制冷剂放出大量热量，通过扁管和散热片传递给空气，制冷剂由高温高压的气态变为高温高压的液态。在冷凝过程中，制冷剂的温度不会发生变化。

3. 过冷过程（C—D）

液态制冷剂继续冷却，未冷凝的制冷剂继续冷凝，保证气态制冷剂能完全冷凝成液态。过冷过程可以提高制冷效果。在过冷过程中，制冷剂的温度会下降。

为了更好地说明冷凝器的工作原理，举一个例子加以说明：R134a 制冷剂从压缩机出来后，假设制冷剂的压力为 1.503MPa，温度为 70℃。查表 3－2 可以得出在压力 1.503MPa 下制冷剂的饱和温度为 58℃。进入冷凝器后，因为制冷剂的温度没有达到饱和温度，制冷剂不会马上冷凝，只能先冷却。当制冷剂的温度冷却到 58℃时冷凝变成液态，在冷凝过程中制冷剂的温度不变。饱和液态制冷剂继续冷却时，其温度下降。

3.6.4　冷凝温度和冷凝压力

冷凝温度是制冷剂在冷凝器内冷凝时的温度，所对应的压力是冷凝压力。如果不考虑压力损失，可以认为制冷系统高压侧的压力就是制冷剂的冷凝压力。制冷剂在每一个冷凝压力下都有一个相应的冷凝温度：冷凝压力升高，冷凝温度也升高；冷凝压力降低，冷凝温度也降低。制冷剂的冷凝压力可以用歧管压力表测出来，查表 3－2 可以得出制冷剂的冷凝温度。

制冷剂的冷凝压力高会造成压缩机的排气压力也升高，增加发动机的功耗。所以冷凝压力不能过高。但要使气态制冷剂能在冷凝器内顺利放热冷凝成液态制冷剂，冷凝温度又不能太低。一般来说，汽车空调用冷凝器的冷凝温度不能高于 60℃，这时对应的进风温度为 45℃。也就是说，只要车外温度不高于 45℃，冷凝器就能顺利进行热交换。对于 R134a 制冷系统，查表 3－2 可以得出所对应的制冷剂冷凝压力为 1.580MPa。如果压力高于以上值，说明高压侧压力偏高，系统可能有故障。

当运行工况发生变化时，冷凝压力也发生相应变化，这属正常情况。如发动机转速增大时，压缩机转速也增大，输送到冷凝器的气态制冷剂增多，导致高压侧的气态制冷剂增加，冷凝压力相应升高；冷凝器的风机转速加快，风量加大，或者车外空气温度低，冷凝器内的气态制冷剂冷凝成液态制冷剂的分子数目增多，高压侧的气态制冷剂相应减少，冷凝压力也就相应下降。

冷凝压力与冷凝器的散热效果有关，散热条件差，就会造成制冷剂的冷凝压力过高，影响制冷效果。冷凝器散热差的主要原因有：

（1）冷凝器散热片表面有灰尘；

（2）冷凝器散热片堵塞；

（3）冷凝器管内有积垢。

这些原因都会影响制冷剂与车外空气进行热交换，如果制冷剂不能很好排出热量，气态制冷剂就会很难冷凝变成液态制冷剂。这样，不断从压缩机输送过来的气态制冷剂来不及冷凝，气态制冷剂积聚在压缩机与冷凝器之间，高压侧的气态制冷剂分子数目逐渐增多，就会导致高压侧的压力升高。

3.7　蒸发器

蒸发器是一种将制冷剂与车内空气进行能量交换的热交换器，它利用从节流装置来的低压低温液态制冷剂蒸发时需吸收大量热量的原理，把通过它周围的空气中的热量带走，变成冷空气后送入车内，从而使车内空气温度下降，达到降温的目的。

当汽车空调制冷系统工作时，蒸发器散热片表面温度较低，当车内空气通过时会产生结露现象，析出大量水分，从而提高空气的相对湿度。

常用的蒸发器有层叠式蒸发器、管片式蒸发器、管带式蒸发器。

3.7.1　蒸发器的结构

蒸发器的结构与冷凝器的结构基本相同，所不同的是由于车内空间有限，蒸发器的扁管较宽，总长度较短。下面主要介绍层叠式蒸发器和管片式蒸发器。

1. 层叠式蒸发器的结构

层叠式蒸发器的结构与平行流式冷凝器的结构大致相同，其结构如图 3－20 所示。层叠式蒸发器由多根扁管和散热片组成，两端各有一根集流管。集流管内是分段的，中间由隔片隔开，起到分流和汇流的作用。每段的管子数不相等，进入冷凝器时的制冷剂呈气态，比容较大，占用的管子数多，随着气态制冷剂逐渐变为液态，比容变小，占用的管子数也相应减少。所不同的是为了减小平面面积，层叠式蒸发器把扁管分为两层，层与层之间由集流管相连接。

2. 管片式蒸发器的结构

管片式蒸发器的结构与管片式冷凝器的结构基本相同，如图 3－21 所示，只是在供液前加装分液头，目的是保证制冷剂液体能均匀地分配到各管路内。图 3－22 是分液头的剖面图，制冷剂首先通过缩口，增加流速，以达到气、液混合，克服重力影响，从而保证制冷剂均匀地分配。分液器多为垂直安装，也可以水平安装。

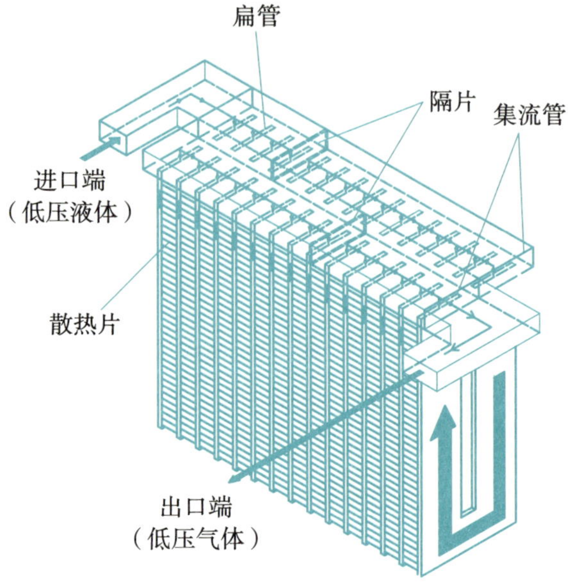

图 3－20　层叠式蒸发器

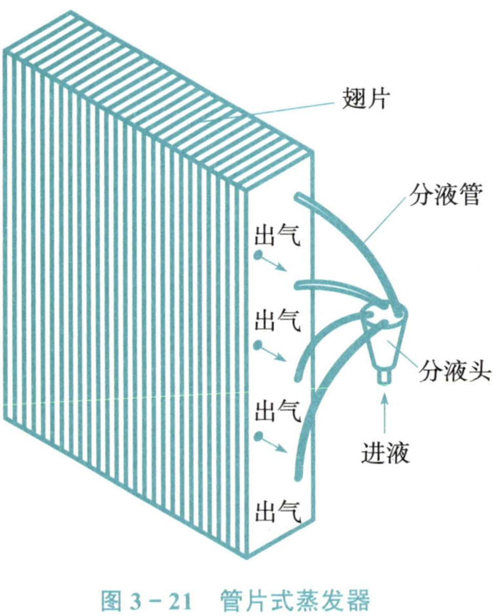

图 3－21　管片式蒸发器

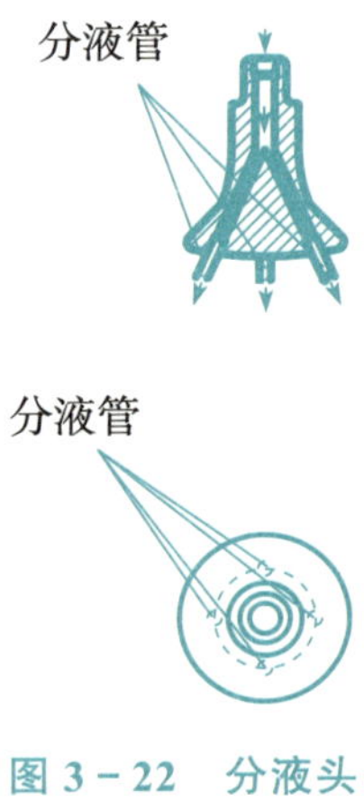

图 3－22　分液头

3.7.2　蒸发器总成

把蒸发器、鼓风机、节流装置（热力膨胀阀）、温度传感器等部件组装在箱体内，称为蒸发器总成。箱体内有储水槽，汽车空调制冷系统工作时在蒸发器散热片表面产生的冷凝水就积在储水槽里，并通过软管排至车外。箱体内贴有隔热棉，可避免冷量损失。

3.7.3　蒸发器的工作原理

在蒸发器内，车内空气和制冷剂进行热交换，制冷剂吸收车内空气的热量，如图 3-23 所示。蒸发器的工作分为以下两个过程。

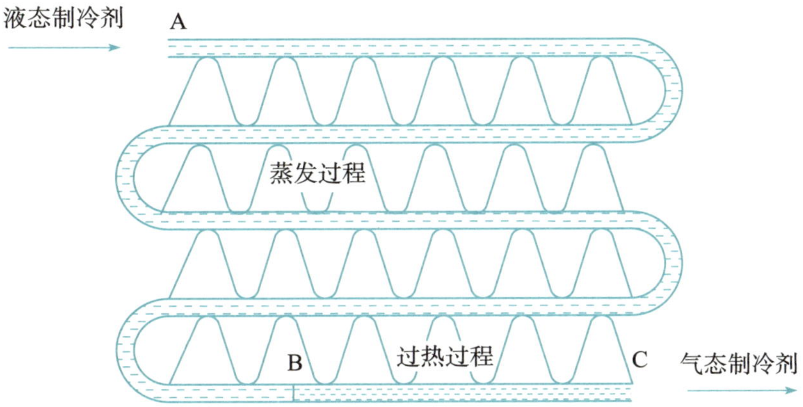

图 3-23　蒸发器工作原理图

1. 蒸发过程（A—B）

在一定压力下，当从节流装置（热力膨胀阀）来的低压低温液态制冷剂流经蒸发器扁管时，由于制冷剂是饱和液体，且温度比车内空气温度低，制冷剂会马上蒸发，并通过扁管和散热片吸收车内空气热量，使车内空气温度下降，制冷剂自身由液态变为气态且温度不变。

2. 过热过程（B—C）

为避免未蒸发完的液态制冷剂直接流向压缩机，从而使压缩机产生液击现象，在蒸发器出口前有一过热段，可使未蒸发完的液态制冷剂继续吸热，完全蒸发成气体，然后才流向压缩机。

3.7.4　蒸发温度和蒸发压力

蒸发温度是制冷剂在蒸发器内蒸发时的温度，所对应的压力是蒸发压力。如果不考虑压力损失，可以认为制冷系统低压侧的压力就是制冷剂的蒸发压力。制冷剂在每一个蒸发压力下都有一个相应的蒸发温度：蒸发压力升高，蒸发温度也升高；蒸发压力降低，蒸发温度也降低。制冷剂的蒸发压力可以用歧管压力表测出来，查表 3-2 可以得出制冷剂的蒸发温度。

蒸发温度不能过高，否则不能使车内温度降下来；蒸发温度也不能过低，否则蒸发器散热片表面容易结霜。所以蒸发温度的变化一般控制在 0℃～ 5℃。对于 R134a 制冷系统，查表 3－2 可以得出所对应的制冷剂蒸发压力为 0.192MPa ～ 0.25MPa。如果压力超出这个范围，说明低压侧压力偏高或偏低，系统可能有故障。

当运行工况发生变化时，蒸发压力也发生相应变化，这属正常情况。如发动机转速增大时，压缩机转速也增大，被抽吸的气态制冷剂增多，导致低压侧的气态制冷剂减少，蒸发压力相应降低；蒸发器的风机转速加快，风量加大，蒸发器内的液态制冷剂蒸发成气态制冷剂的分子数目增多，低压侧的压力就升高；随着车内空气温度的降低，空气的热量减少，制冷剂蒸发困难，液态制冷剂蒸发成气态制冷剂的分子数目减少，低压侧的压力就降低。

蒸发压力与蒸发器的散热效果有关，散热条件差，就会造成制冷剂的蒸发压力过低，影响制冷效果。蒸发器散热差的主要原因有：

（1）蒸发器散热片表面有灰尘；

（2）蒸发器散热片堵塞；

（3）蒸发器管内有积垢。

这些原因都会影响制冷剂与车内空气进行热交换，制冷剂吸收车内空气的热量少，液态制冷剂就很难蒸发成气态制冷剂。同时，压缩机还不断抽吸气态制冷剂，而气态制冷剂来不及补充，这就导致低压侧的气态分子数目减少，低压侧的压力降低。

3.7.5 蒸发器的表面处理

蒸发器散热片间距很小，散热片表面大量的冷凝水在下落前可能会相互连接起来，形成“水桥”现象，增加了空气的流通阻力，减少了通风量，影响了蒸发器的换热效果。同时，空气中的氧化物、氯化物、盐化物及各种污染物质不断地溶解并沉积在散热片表面，使铝材受到腐蚀，生成白色粉状物，即“白粉”。白粉在蒸发器散热片表面不仅增加传热热阻，影响散热，而且还会随空气进入车内，污染车内环境。为了避免这种现象，可对蒸发器表面做亲水防蚀处理。

亲水防蚀处理就是在蒸发器散热片表面涂上一层具有亲水性的耐腐蚀薄膜，使冷凝水珠的高度减小，或者使冷凝水一滴到散热片表面就迅速扩散，形成极薄的水膜，避免让冷凝水形成“水桥”。

3.8　节流元件

使车内空气降温的直接元件是蒸发器，所以进入蒸发器的制冷剂的温度要比车内空气的温度低。而从冷凝器出来的还是高压高温的制冷剂，不能直接进入蒸发器，必须经过节流元件，使其成为低温低压的液态制冷剂，这样制冷剂进入蒸发器后才能吸收车内空气的热量，达到降温的目的。

目前汽车空调制冷系统常用的节流元件有热力膨胀阀和节流孔管。

3.8.1　热力膨胀阀

1. 热力膨胀阀的作用

（1）降压降温。

使从冷凝器出来的高压高温的液态制冷剂转变为低压低温的液态制冷剂，并进入蒸发器。

（2）调节流量。

汽车空调制冷系统在运行过程中，其热负荷是变化的，车内温度高时热负荷较大，需要进入蒸发器的制冷剂流量就大，以提高制冷量；车内温度低时热负荷较小，需要进入蒸发器的制冷剂流量就小，以降低制冷量。热力膨胀阀就是根据车内温度的变化相应调节制冷剂的流量，以提高制冷系统工作效率的。

（3）避免压缩机产生“液击”现象。

热力膨胀阀可以使制冷剂从蒸发器出来的时候有一定的过热度，保证液态制冷剂完全蒸发成气态，避免液态制冷剂进入压缩机时产生“液击”现象。

在汽车空调制冷系统中，常见的热力膨胀阀种类有内平衡式热力膨胀阀、外平衡式热力膨胀阀、H 形热力膨胀阀。

2. 热力膨胀阀的结构

（1）内平衡式热力膨胀阀。

内平衡式热力膨胀阀的结构由阀体、执行机构和感温机构 3 部分组成，如图 3－24 所示。

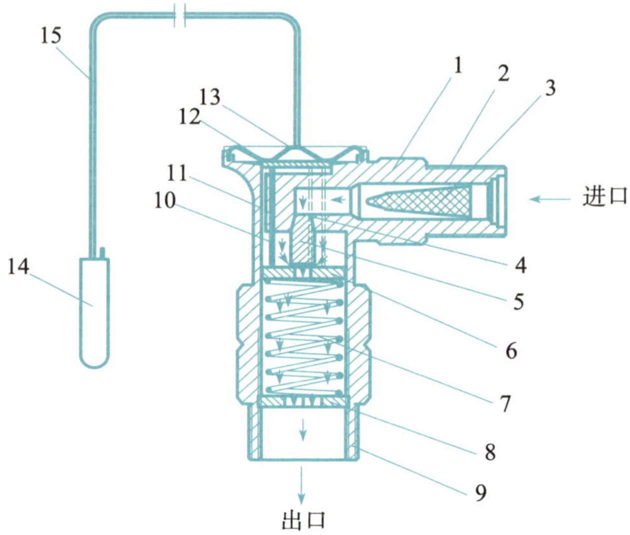

图 3-24 内平衡式热力膨胀阀

1—阀体 2—进口接头 3—过滤网 4—节流孔 5—阀针 6—阀座 7—弹簧 8—调节螺母 9—出口接头 10—顶杆 11—内平衡通道 12—膜片 13—密封盖 14—感温包 15—毛细管

1）阀体。

阀体上有进出口接头，进口接头与储液干燥器连接，出口接头与蒸发器连接。阀体内有节流孔和内平衡通道，当制冷剂流经节流孔时压力降低，并通过内平衡通道把压力传到膜片下方。阀体顶部有密封盖，使膜片上方形成一个密闭室。

2）执行机构。

执行机构由阀针、弹簧、顶杆、阀座、调节螺母组成。阀针是一个圆锥体，与节流孔相配合时可以有不同的通径，从而可以控制制冷剂的流量，如图 3-25（a）所示。阀针与阀座通过点焊连接，它们之间有间隙，使制冷剂能流到阀座下方，如图 3-25（b）所示。有些阀针是球体状的，如图 3-25（c）所示。

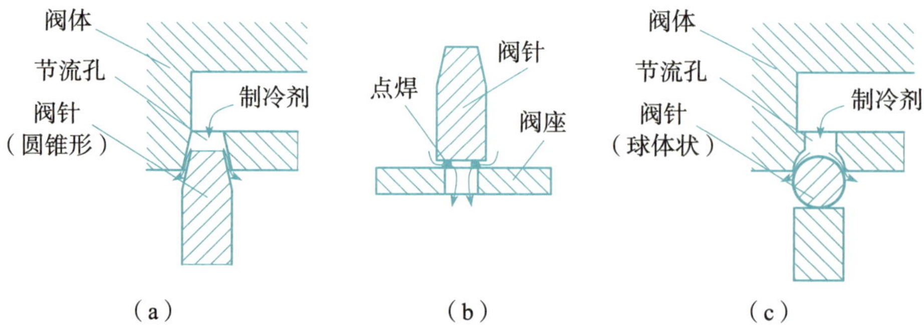

图 3-25 阀针

顶杆与膜片和阀座相接触，当膜片上下移动时，通过顶杆推动阀针上下移动，从而改变了阀针与节流孔之间的通径，调节了制冷剂的流量。

调节螺母是用来调节弹簧预紧力的，从而控制制冷剂的出口过热度，使液态制冷剂在蒸发器内就能完全蒸发成气态，否则未蒸发的液态制冷剂被压缩机吸入时压缩机会产生“液击”现象。调节螺母旋进时，弹簧预紧力增大，制冷剂的过热度相应提高；调节螺母旋出时，弹簧预紧力减小，制冷剂的过热度相应降低。从蒸发器出来的制冷剂有一定的过热度，过热度太大就不能充分利用蒸发器的换热面积，不能提供足够的制冷剂供蒸发器进行热交换；过热度太小，液态制冷剂的蒸发就不完全，被压缩机吸入时容易产生“液击”现象，损坏机件。一般热力膨胀阀的过热度在出厂前已经调好，建议不要随便调节。热力膨胀阀的过热度为 2℃～ 13℃。

过滤网用来过滤制冷剂杂质，避免造成节流孔堵塞。若发现过滤网中有杂质，说明储液干燥器中的过滤网不起作用，应予以更换。

3）感温机构。

感温机构由感温包、毛细管和膜片组成。感温包内充有制冷剂，感受蒸发器出口的制冷剂的温度。蒸发器出口的制冷剂的温度变化会导致感温包的制冷剂的压力变化，并通过毛细管传到膜片上方，在膜片上方产生改变阀开度的压力，使适量的制冷剂进入蒸发器内。为了防止管子底部积液或积油等现象发生，影响感温包正确感温，感温包必须包扎在蒸发器出口管表面的上方，如图 3－26 所示。

膜片是一块较薄的不锈钢片，它随着压力的变化上下移动，如图 3－27 所示。膜片受 3 个力的作用：一是感温包内制冷剂产生的压力 P_f，作用于膜片上方；二是制冷剂经

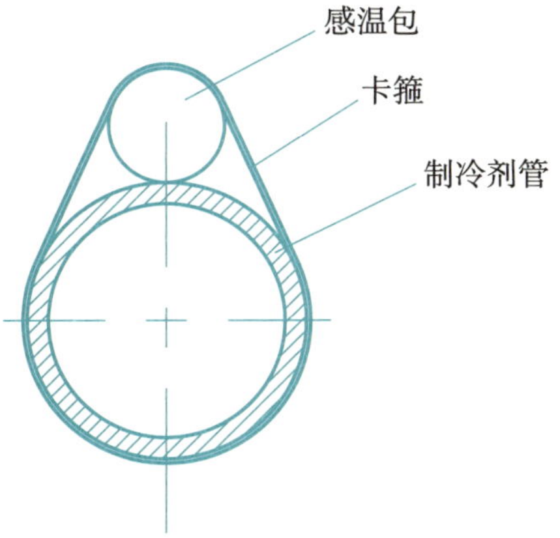

图 3－26　感温包

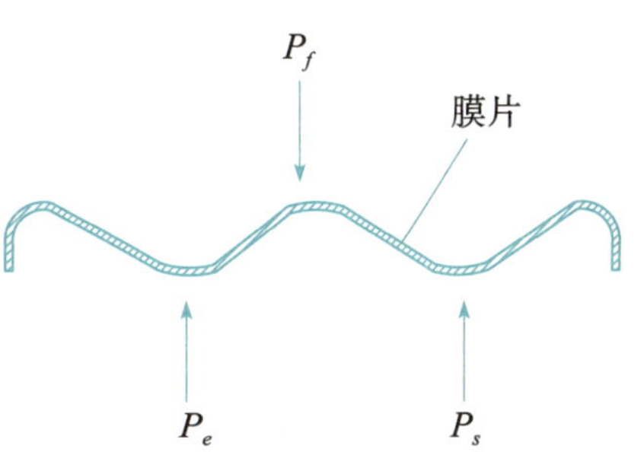

图 3－27　膜片受力分析

过节流孔后产生的压力 P_e，通过内平衡通道作用于膜片的下方；三是弹簧的预紧力 P_s，通过顶杆作用于膜片的下方。膜片在这 3 个力的作用下可以做上下运动，从而改变阀的开度，调节制冷剂的流量：

当 $P_f = P_e + P_s$ 时，膜片不动，阀处于一定的开度，流量不变；

当 $P_f > P_e + P_s$ 时，膜片向上移动，阀的开度减小，流量减小；

当 $P_f < P_e + P_s$ 时，膜片向下移动，阀的开度增大，流量增大。

（2）外平衡式热力膨胀阀。

外平衡式热力膨胀阀的结构与内平衡式热力膨胀阀的结构基本相同，如图 3－28 所示，所不同的是外平衡式热力膨胀阀取消了内平衡通道，用外平衡管代替。

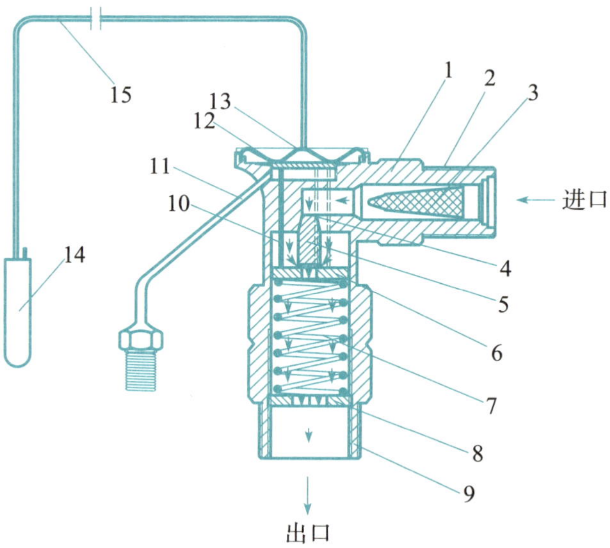

图 3－28　外平衡式热力膨胀阀

1—阀体　2—进口接头　3—过滤网　4—节流孔　5—阀针　6—阀座　7—弹簧　8—调节螺母　9—出口接头　10—顶杆　11—外平衡管　12—膜片　13—密封盖　14—感温包　15—毛细管

外平衡管与蒸发器的出口连接，直接感受的是制冷剂在蒸发器出口的压力并传到膜片下方。感温包与内平衡式热力膨胀阀一样安装在蒸发器出口管的上表面，而外平衡管接在蒸发器出口管的上表面与感温包的后面。外平衡式热力膨胀阀与系统部件的连接关系如图 3－29 所示。

（3）H 形热力膨胀阀。

如图 3－30 所示，H 形热力膨胀阀把感温包缩到阀体内的回气通路上。从冷凝器来的制冷剂从入口进入膨胀阀，经节流后进入蒸发器内，在蒸发器中吸收热量，蒸发了的制冷剂从蒸发器出来，再进入到阀的另一腔内，然后流进压缩机。制冷剂第二次进入阀的过程相当于外平衡管的作用，即通过膜片、顶杆及弹簧的作用控制阀口的开度。

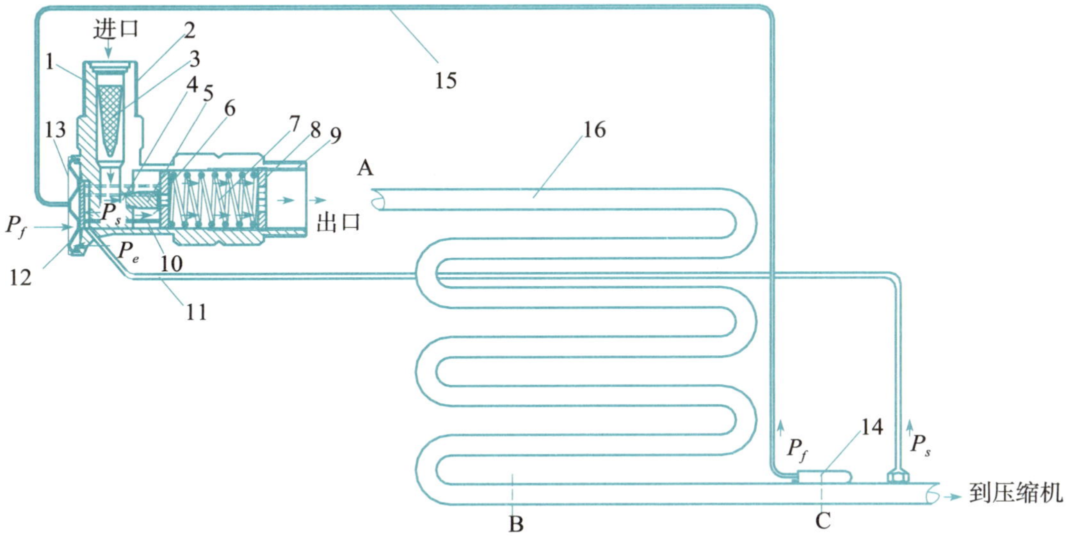

图 3-29　外平衡式热力膨胀阀与系统部件的连接

1—阀体　2—进口接头　3—过滤网　4—节流孔　5—阀针　6—阀座　7—调节弹簧　8—调节螺母　9—出口接头　10—顶杆　11—外平衡管　12—膜片　13—密封盖　14—感温包　15—毛细管　16—蒸发器

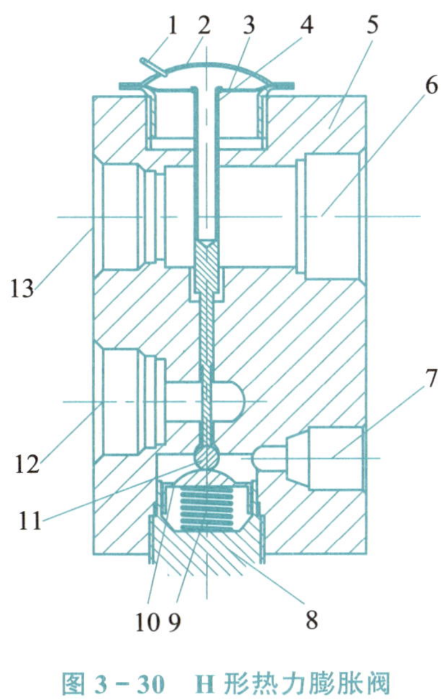

图 3-30　H 形热力膨胀阀

1—充注管　2—感温包　3—膜片　4—顶杆（兼感温包）　5—阀体　6—压缩机　7—入口（来自储液干燥器）　8—调节螺母　9—弹簧　10—阀座　11—钢球　12—蒸发器进口　13—蒸发器出口

H 形热力膨胀阀与系统部件的连接关系如图 3－31 所示。

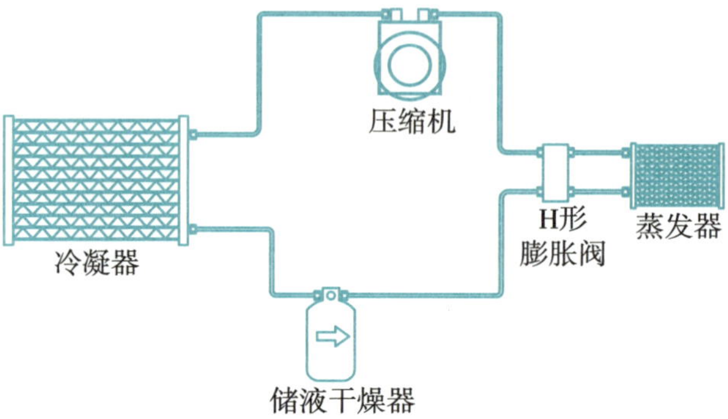

图 3－31　H 形热力膨胀阀与系统部件的连接

3. 热力膨胀阀的工作过程

内平衡式热力膨胀阀的工作过程如图 3－32 所示。设感温包内气体产生的压力为 P_f，弹簧产生的预紧力为 P_s，制冷剂经过节流孔后的压力为 P_e。

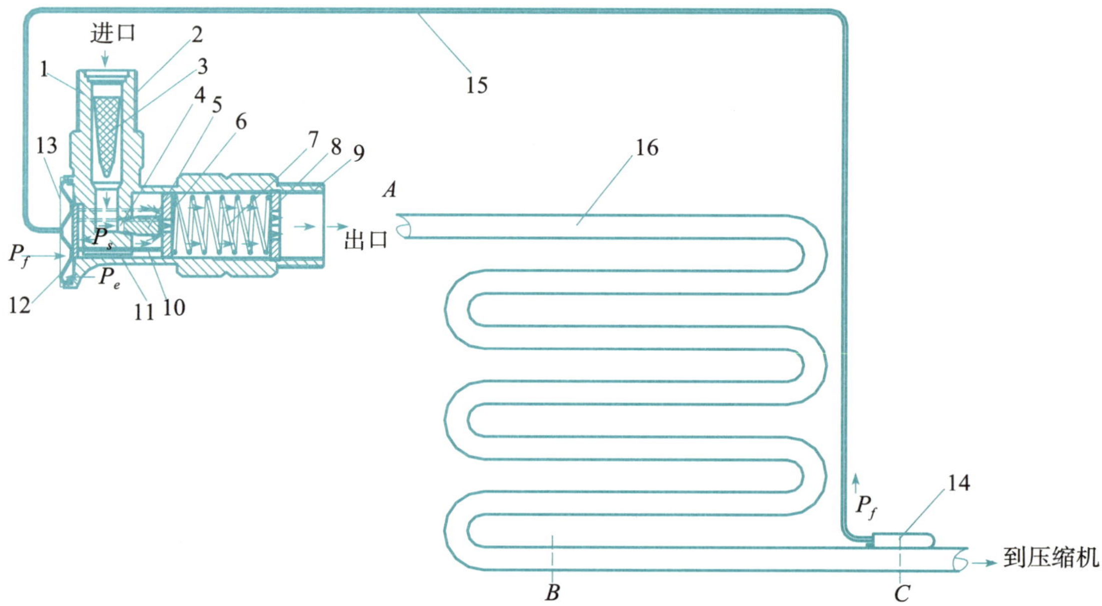

图 3－32　内平衡式热力膨胀阀的工作过程

1—阀体　2—进口接头　3—过滤网　4—节流孔　5—阀针　6—阀座　7—调节弹簧　8—调节螺母　9—出口接头　10—顶杆　11—内平衡通道　12—膜片　13—密封盖　14—感温包　15—毛细管　16—蒸发器

当汽车空调制冷系统工作时，热力膨胀阀的阀针打开，从储液干燥器出来的液态制冷剂进入膨胀阀，经过过滤网过滤后流经节流孔，制冷剂的压力和温度迅速降低，然后进入蒸发器。进入蒸发器后液态制冷剂立即蒸发，吸收流经蒸发器的车内空气的热量，自身变成气态，然后被压缩机吸入，进行下一循环。

在平衡状态下（$P_f = P_e + P_s$），阀针处于某一开度状态，制冷剂流量保持一定。制冷剂在 A 点开始蒸发，到 B 点蒸发完毕。B—C 是过热段，未蒸发的制冷剂可以完全蒸发；A—B 段制冷剂的温度不变；B—C 段制冷剂的温度升高，二者之差就是制冷剂的过热度。

当车内温度升高时，热负荷增加，制冷剂不足，制冷剂会在 B 点前蒸发完。这样，蒸发段变短，过热段加长，导致制冷剂的过热度升高，感温包内制冷剂的温度升高，其压力 P_f 随之升高。这时 $P_f > P_e + P_s$，膜片通过顶杆将阀针开度加大，增大进入蒸发器的制冷剂流量，最终使过热度减小。

当车内温度降低时，热负荷减小，制冷剂过多，制冷剂蒸发段变长，过热段缩短，导致制冷剂的过热度降低，感温包内制冷剂的温度降低，其压力 P_f 随之降低。这时 $P_f < P_e + P_s$，弹簧通过阀座把阀针开度关小，进入蒸发器的制冷剂流量减少，最终使过热度增大。通过这样的不断调整，始终把过热度控制在一定的范围内。

内平衡式热力膨胀阀膜片下方的平衡压力是从蒸发器进口处导入的，从蒸发器入口到出口会有压力损失，这会影响调节精度，适宜于压力损失小（即制冷量小）的蒸发器。外平衡式热力膨胀阀膜片下方的平衡压力是从蒸发器出口处导入的，这就弥补了蒸发器内部压力损失造成的影响，提高了调节精度，适宜于压力损失大（即制冷量大）的蒸发器。

4. 热力膨胀阀的工作特点

一个理想的热力膨胀阀在调节系统的制冷剂流量时，其进入蒸发器的流量应恰好与蒸发器的蒸发量相等，以缩小蒸发器出口的过热度，充分发挥蒸发器的制冷效率，要达到这样的要求，热力膨胀阀就应该随着系统热负荷的变化及时调节系统制冷剂的流量，以保持供需的平衡。由于热力膨胀阀感温包的热惯性，使导热产生了迟延过程，造成信号传递发生滞后现象。例如，由于车内温度升高时，进入蒸发器的流量就相对少了，所以蒸发器出口过热度在升高，若感温包传热无迟滞过程，膨胀阀的阀门就能及时打开，增大制冷剂的流量。但由于信号传递有滞后，阀门就不能及时打开，制冷剂的流量不能及时增大，蒸发器出口过热度将继续上升，使供液量小于需要量。经过一段时间后膨胀阀阀门才能打开，流量才能增大，出口过热度下降，供液量逐步趋向平衡。由于车内温度下降时，进入蒸发器的流量相对多了，所以蒸发器出口过热度在降低，若感温包传热无迟滞过程，膨胀阀的阀门就能及时关小，减少制冷剂的流量。但由于信号传递有滞后，阀门就不能及时关小，制冷剂的流量不能及时减少，蒸发器出口过热度将继续下降，使供液量大于需要量。经过一段时间后膨胀阀阀门才能关小，流量才能减少，出口过热度升高，供液量逐步趋向平衡。所以，热力膨胀阀在工作时，因传递信号的滞后，它的供液量总是与实际需要量难以及时达到平衡。这就是热力膨胀阀的工作特点。

如果热力膨胀阀的开度过大，制冷剂的过热度就会降低，使液态制冷剂不能完全蒸发，容易使压缩机产生“液击”现象。制冷剂的过热度小还会增加压缩机的功耗。如果热力膨胀阀的开度过小，还会导致进入蒸发器的制冷剂流量减小，蒸发器的制冷量变小，造成出风口温度高，冷气不足。

如果过热度大，说明热力膨胀阀的开度过小，这时低压侧的压力会偏低；如果过热度小，说明热力膨胀阀的开度过大，这时低压侧的压力会偏高。

当热力膨胀阀的开度过大时，进入蒸发器的制冷剂流量增大，导致制冷剂在蒸发器内的蒸发过程变长，过热段变短。从蒸发器出来的还有液态制冷剂。所以制冷剂经过压缩机吸气管时还可以与空气进行热交换，吸收大量的热量，使吸气管外表面出现冷凝水甚至结霜。当热力膨胀阀的开度过小时，由于低压侧压力过低，导致蒸发温度过低，蒸发器及吸气管会出现结霜现象，但结不到压缩机进口处。

3.8.2 节流孔管

节流孔管的作用只是降低制冷剂的压力与温度。节流孔管的结构十分简单，如图 3 - 33 所示。节流孔管是一根细小的铜管，安放在一根塑料套管内，在塑料套管上有一两个 O 形密封圈，铜管的外面是过滤网，用来过滤系统内的杂质。由于 O 形密封圈的阻隔作用，来自冷凝器的高压高温的液态制冷剂只能从细小的铜管中通过，经过节流作用变成低压低温的液态制冷剂后进入蒸发器。

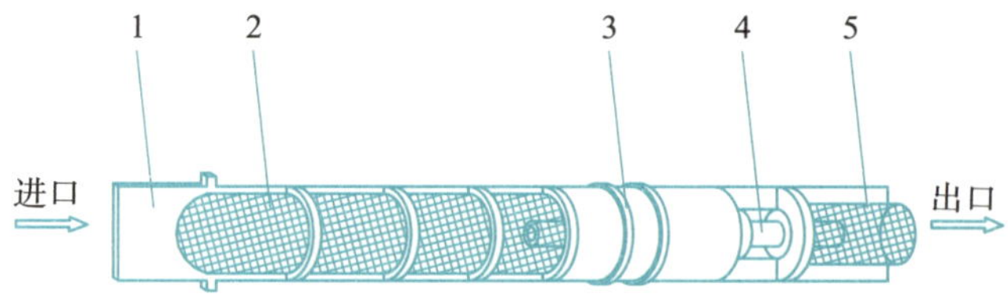

图 3 - 33　节流孔管

1—壳体　2—进口过滤网　3—密封圈　4—铜管　5—出口过滤网

节流装置里安装有过滤网，如果杂质太多，被过滤网吸收后容易发生堵塞。当节流装置发生部分堵塞时，流到蒸发器的液态制冷剂会减少，蒸发成气态制冷剂的分子数目也会减少。而压缩机仍然不断地抽吸从蒸发器出来的气态制冷剂，并向冷凝器输送，这样就会造成低压侧的气态制冷剂分子数目不断减少，压力逐渐下降。在高压侧，由于输送的气态制冷剂分子数目越来越少，所以压力也会逐渐下降。

如果节流装置严重堵塞，液态制冷剂不能流到蒸发器，低压侧的气态制冷剂就会越来越少，压力越来越低，制冷剂的蒸发温度也会越来越低，导致从节流装置到压缩机进口处的外表面的温度降低。如果低于零度以下，从节流装置到压缩机进口处的外表面就会结霜。

3.9 附属装置

在汽车空调中，为了保证制冷系统的工作更可靠，功能更完善，效果更理想，在制冷系统中安装了一些附属装置。每一种车型的附属装置不一定相同。下面介绍汽车空调制冷系统常见的附属装置。

3.9.1 储液干燥器

1. 储液干燥器的作用

（1）用来储存在冷凝器中液化的制冷剂，根据车内热负荷的变化，随时供给蒸发器。

（2）可以保证供给节流装置的是 100% 的液态制冷剂，提高节流装置的制冷量。

（3）可以对系统中的水分进行处理。在制冷系统中不可避免地会出现水分，这些水分的存在会产生很多后果，如水在节流装置的节流孔中容易结冰，影响制冷剂的流动。

（4）可以对杂质进行过滤。制冷系统中不可避免地会存在杂质，如尘埃、油泥、金属屑末等，这些杂质容易造成管路堵塞，影响制冷剂的流动。

2. 储液干燥器的组成及功能

储液干燥器由储液器、过滤网、干燥剂、引出管以及压力开关等组成，如图 3－34 所示。

储液干燥器一般是铝质的压力容器，用来储存制冷剂，在冷凝器中液化的制冷剂从进口流到储液干燥器里。储液干燥器中间有一引出管，它的作用是确保从储液干燥器出来的是 100% 的液态制冷剂。因为从冷凝器出来的并不完全是液态制冷剂，可能有未液化的气态制冷剂。制冷剂一旦进到储液干燥器中，液态制冷剂会马上沉到底部，而气态制冷剂则留在顶部。由于引出管插到底部，这就保证了气态制冷剂不会流出储液器。当然，这些在储液器里的气态制冷剂最终会液化。

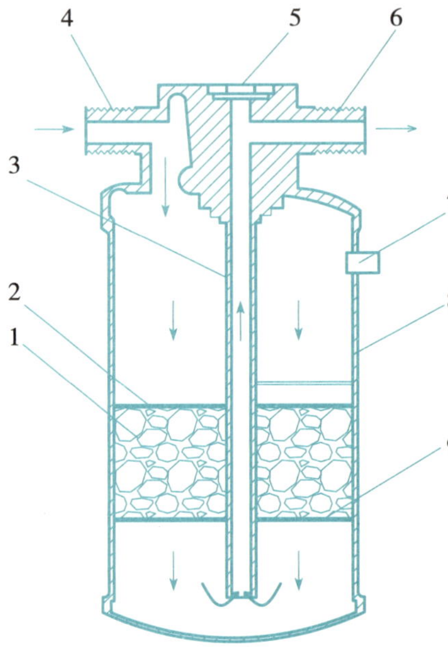

图 3－34　储液干燥器

1—干燥剂　2、9—过滤网　3—引出管　4—进口接头　5—视液镜
6—出口接头　7—压力开关　8—储液器

储液干燥器的进出口不能接反，否则引出管将无法工作。一般储液干燥器都标有箭头符号，表明制冷剂的流动方向，或在出口接头刻有“OUT”标记，在进口接头刻有“IN”标记。

过滤网是用于过滤制冷剂中杂质的，如金属屑末、尘埃、油泥等。这些杂质流到节流装置时很容易造成堵塞。过滤网一般有两个，分别安装在干燥器的上下两端。

干燥剂是用来吸收系统水分的装置。常用的干燥剂有硅胶和分子筛。

（1）硅胶是变色硅胶，能吸水和油。其分子结构是无定形的，水分或油吸附在分子之间。干燥时硅胶呈深蓝色，吸水后变为粉红色。硅胶吸水失效后可经再生处理重新使用。

（2）分子筛是一种白色球状或条状的吸附剂，其晶体结构中含有正电荷（阳离子），这些阳离子吸引水的方式就像磁铁一样，比分子间的作用力还强，对含水分低、流速大的液体或气体都有极高的干燥能力。分子筛只吸水，不吸油，且能去除生成的无机酸，从而避免制冷系统发生酸性腐蚀。分子筛与硅胶一样可经过再生处理重新使用。

XH-7 型和 XH-9 型分子筛适合于用 R134a 的制冷系统。在储液干燥器表面一般都注明了适合的制冷剂类型，不能混淆。

干燥剂吸收水分是有限的，当干燥剂吸水达到饱和点时，未被吸收的水分就会流到膨胀阀里，所以系统里不能有太多水分。

视液镜主要是用来判断系统中是否有足够的制冷剂的，如图 3－35 所示。在制冷系统正常工作时，系统有足够的制冷剂，液态制冷剂只占据了储液干燥器 2/3 的空间。通过储液干燥器的引出管，可以把从冷凝器出来的未冷凝的气态制冷剂分离在储液干燥器的顶部，而不会进到视液镜，视液镜很清晰。如果储液干燥器内的液态制冷剂较少，封不了引出管进口，气态制冷剂就会进到视液镜里：视液镜有气泡，系统缺少制冷剂；视液镜有泡沫，系统制冷剂严重不足。如果储液干燥器内制冷剂过多，占据了整个储液干燥器，这时由于引出管起不了作用，未冷凝的气态制冷剂会跟着液态制冷剂进到视液镜。

图 3－35　视液镜迹象

压力开关是安全开关，当系统压力过高或过低时，应断开压缩机电磁离合器的电源，使压缩机停止工作，避免系统部件被损坏。

储液干燥器安装在冷凝器与节流装置（热力膨胀阀）之间和发动机仓进风口附近，这样有利于提高储液干燥器的通风、冷却效果，流到储液干燥器上的气态制冷剂容易冷凝成液态。当储液干燥器的过滤网堵塞或干燥剂失效后一般不进行修理，而要更换整个储液干燥器。

3. 储液干燥器的工作过程

制冷剂从储液干燥器进口处流到内腔，进入过滤网进行过滤，去除制冷剂中的尘埃、油泥、金属微粒等污垢，进入干燥器去除制冷剂的水分后，再次进入过滤网进行过滤，液态制冷剂沉到底部，从引出管流向出口处，气态制冷剂由于引出管进口被液态制冷剂封住，只能在上部流动，从而避免气态制冷剂流出储液干燥器。气态制冷剂在储液干燥器内最终会液化。

储液干燥器里安装有过滤网，如果杂质太多，被过滤网吸收后容易发生堵塞。当储液干燥器发生部分堵塞时，流到蒸发器的液态制冷剂会减少，蒸发成气态制冷剂的分子数目也会减少。而压缩机仍然不断地抽吸从蒸发器出来的气态制冷剂，并向冷凝器输送，这样就会造成低压侧的气态制冷剂分子数目不断减少，压力逐渐下降。在高压侧，由于输送的气态制冷剂分子数目越来越少，所以压力也会逐渐下降。

如果储液干燥器严重堵塞，液态制冷剂不能流到蒸发器，低压侧的气态制冷剂就会越来越少，压力越来越低，制冷剂的蒸发温度也越来越低，导致从储液干燥器到压缩机进口处的外表面的温度降低。如果低于零度以下，从储液干燥器到压缩机进口处的外表面就会结霜。

3.9.2 视液镜

有些汽车空调制冷系统的视液镜独立安装在储液干燥器出口与节流装置之间的管路上，如图 3－36 所示。

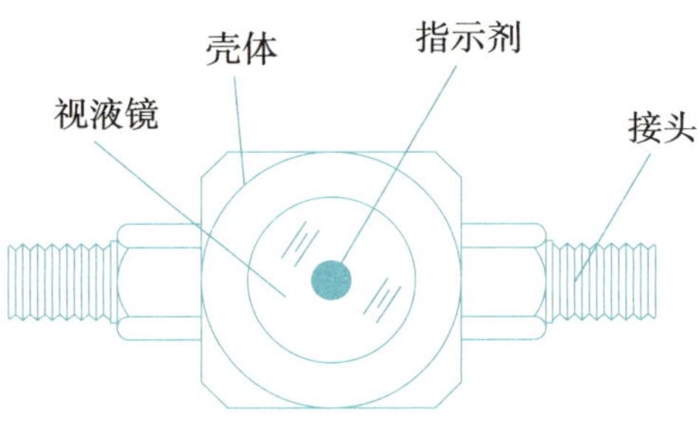

图 3－36 视液镜

这种视液镜除了能用来判断系统内的制冷剂是否足够外，还能用来判断系统内是否有过多的水分。因为这种视液镜里贴有一种浸有盐化物的纸质滤芯，当纸质滤芯呈黄色时，说明系统是干燥的；如果纸质滤芯呈黄绿色，说明系统中含有一定的水分，应引起注意。

3.9.3 易熔塞

易熔塞是一种安全装置，可避免系统因温度过高而损坏部件，如图 3－37 所示。易熔塞中间是铅锡化合物，当制冷剂温度升高到 75℃以上时，铅锡化合物熔化，制冷剂逸出，使系统压力降低，从而降低系统温度。

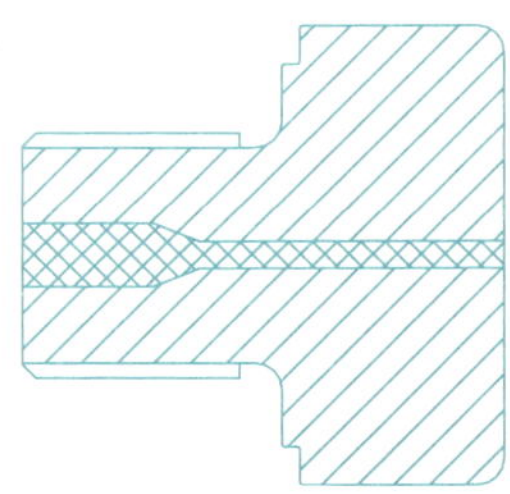

图 3－37 易熔塞

注：易熔塞的熔剂一旦熔化，制冷剂会全部释放。

3.9.4 泄压阀

泄压阀的作用是当系统内压力异常升高时释放部分制冷剂以降低系统内压力，保护系统部件不受损坏，其结构如图3-38所示。

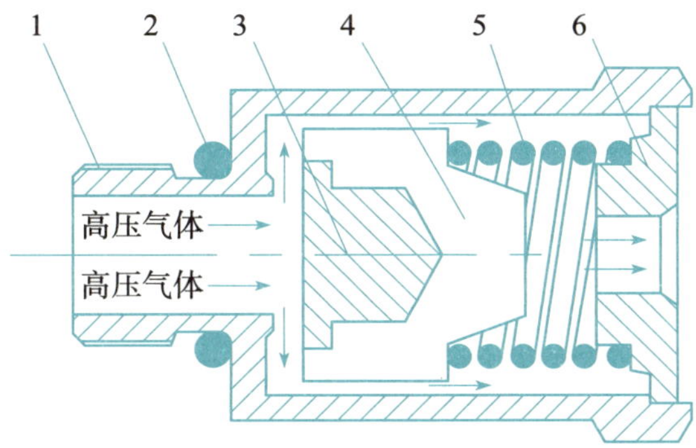

图3-38 泄压阀的结构

1—阀体　2—密封圈　3—密封塞　4—下弹簧座　5—弹簧　6—上弹簧座

泄压阀一般安装在高压侧。在正常情况下，密封塞在弹簧的压力作用下压向阀体，与凸缘紧贴，使压缩机内的制冷剂不能流出。当系统内压力异常升高时，弹簧被压缩，阀被打开，制冷剂被释放出来，压力立即下降。当压力下降时，弹簧又立即将密封塞推向阀体，将阀关闭。

R12与R134a制冷剂系统的泄压阀不能通用，因为阀打开的压力不一样，R134a的压力大。

3.9.5 气液分离器

1. 气液分离器的作用和组成

气液分离器安装在蒸发器与压缩机之间，它的作用是防止液态制冷剂进入压缩机，同时储存过量的气态制冷剂和对制冷剂进行干燥化处理。

气液分离器由储气罐、U形管、干燥剂等组成，如图3-39所示。储液罐上有进、出口接头。U形管上有回油孔，使冷冻机油和气态制冷剂一起流回压缩机，以保持压缩机工作的润滑需要。回油孔上有过滤网，用来过滤冷冻机油的杂质。气液分离器的进、出口不能接反，否则U形管不起作用。气液分离器一般都标有箭头符号，表明制冷剂的流动方向，或在出口接头刻有“OUT”标记，在进口接头刻有“IN”标记。

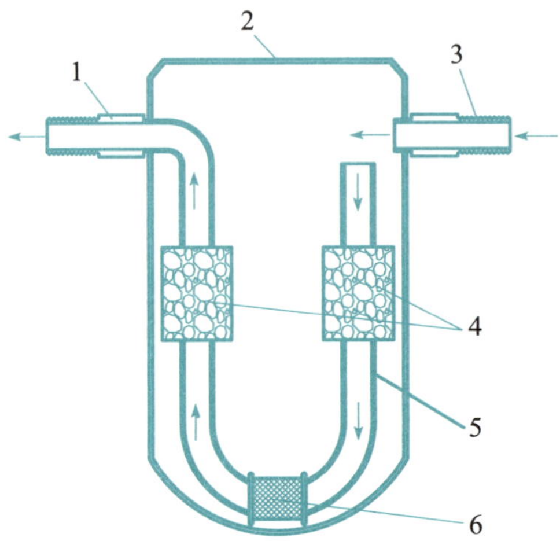

图 3-39　气液分离器

1—出口接头　2—储气罐　3—进口接头　4—干燥剂　5—U 形管　6—回油孔

在气液分离器表面一般都注明适合的制冷剂类型，不能混用。

2. 气液分离器的工作过程

如图 3-39 所示，从蒸发器出来的制冷剂和冷冻机油从气液分离器进口流到储液罐内，其中冷冻机油和液态制冷剂沉入底部，而在顶部的气态制冷剂被 U 形管引向气液分离器出口。少量液态制冷剂和冷冻机油被过滤后从回油孔进入 U 形管，和气态制冷剂一起流动。其中少量的液态制冷剂将会在管路中蒸发为气态制冷剂，而不会进入压缩机引起“液击”现象的发生。冷冻机油在压力差的作用下流回到压缩机。

3. 气液分离器和储液干燥器的区别

（1）气液分离器在制冷系统的低压侧，安装在蒸发器与压缩机之间；储液干燥器在制冷系统的高压侧，安装在冷凝器与热力膨胀阀之间。

（2）气液分离器分离的是液态制冷剂，保证从气液分离器出来的是气态制冷剂，避免液态制冷剂进入压缩机产生“液击”现象；储液干燥器分离的是气态制冷剂，保证从储液干燥器出来的是液态制冷剂，避免气态制冷剂进入膨胀阀。

（3）气液分离器中主要是气体，所以容积要求大，其尺寸一般比较大；储液干燥器中主要是液体，其尺寸一般比较小。

3.10 连接管和管接头

3.10.1 连接管

连接管的作用是把汽车空调制冷系统的各个装置连接起来，从而形成一个密闭系统，制冷剂就在密闭系统里循环流动。

汽车空调制冷系统的连接管有两种：铝管和软管。

R134a 制冷剂空调系统用的软管由尼龙层、腈橡胶层、增强层和橡胶层组成，可以避免橡胶层由于多孔而造成制冷剂泄漏现象。

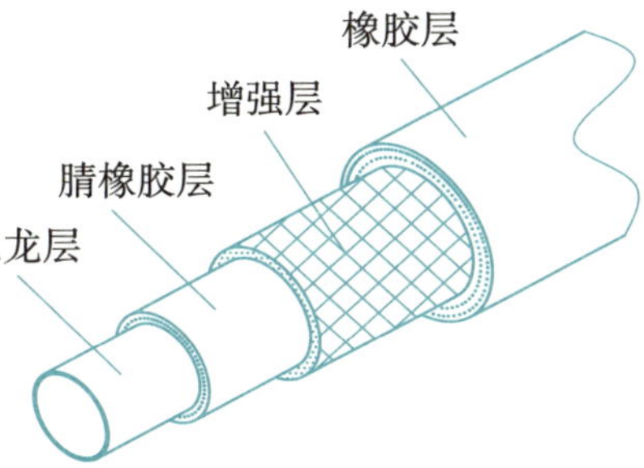

R134a制冷剂空调系统用的软管

图 3 - 40　软管

为了方便连接，软管两端分别与铝管接头铆合在一起。铝管是由铝金属材料做成的管子，耐腐蚀性好，与 R134a 制冷剂不起化学反应。为了方便连接，其两端都做成接头形式：冲成凸台，并套上螺母，如图 3 - 41（a）所示；或在铝管两端焊上螺纹接头，如图 3 - 41（b）所示。

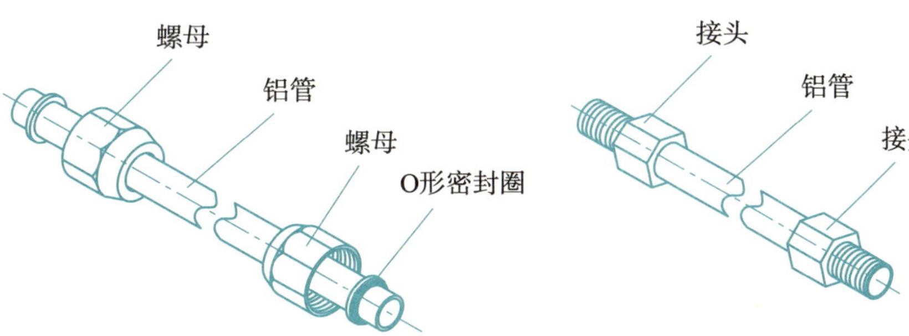

(a)　　(a)

图 3 - 41　铝管

与制冷系统装置连接时，有些铝管做成法兰盘式，如图 3 - 42 所示。

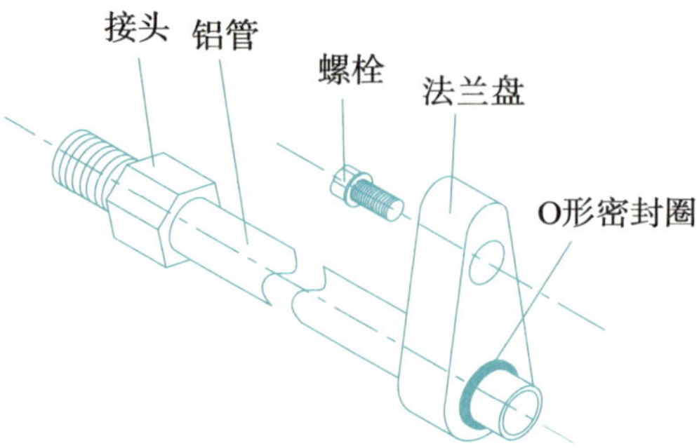

图 3-42　法兰盘式铝管

3.10.2　O 形密封圈

用在 R134a 制冷剂空调系统管路接头处的 O 形密封圈的材料是丁腈橡胶（H-NBR），颜色是绿色，不能与其他材料混用。

在管路接头连接时，在接头和密封圈处涂上润滑油可以起到密封作用。

因维修拆下管路时，管路接头的密封圈必须更换。

3.10.3　连接管的保温

由于低压侧温度低，制冷剂在管内流动时容易吸收热量，影响制冷效果，所以低压侧的连接铝管一般用保温材料（如聚苯乙烯泡沫塑料）包扎，以避免冷量损失，如图 3-43 所示。

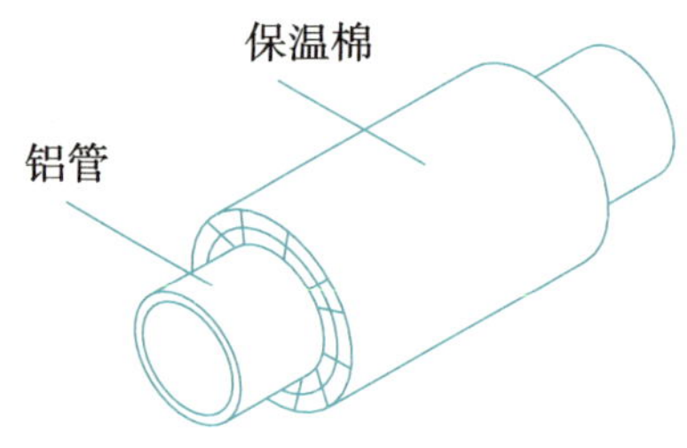

图 3-43　管道的保温

3.11　汽车空调制冷系统的分类

汽车空调制冷系统主要分为热力膨胀阀循环系统和节流孔管系统两类。

3.11.1　热力膨胀阀循环系统

热力膨胀阀循环系统简称 CCTXV 系统，如图 3-44 所示。CCTXV 系统主要由压缩机、冷凝器、储液干燥器、热力膨胀阀、蒸发器组成，是多数轿车采用的一种制冷系统，技术上较为成熟。它的主要特点是：节流装置采用热力膨胀阀，储液干燥器安装在冷凝器与热力膨胀阀之间。

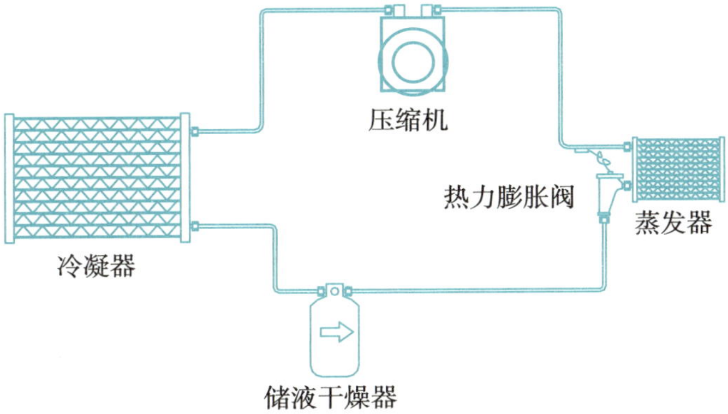

图 3-44　CCTXV 系统

3.11.2　节流孔管系统

节流孔管系统简称 VDOT 系统，如图 3-45 所示。由于热力膨胀阀的感温包有热惯性，使它的供液量总是与实际需要量不能及时达到平衡，这不但会使蒸发器面积得不到有效利用，还容易使液态制冷剂流到压缩机，使压缩机产生“液击”现象。所以在 VDOT 系统中用节流孔管代替了热力膨胀阀。而节流孔管是没有调节流量和控制过热度功能的，它只起降温降压作用。为调节流量，压缩机采用了变排量型压缩机，使压缩机的排量随着蒸发器热负荷的变化而变化：热负荷变大时（如车内温度高），压缩机的排量也变大，即制冷剂的流量增加；热负荷变小时（如车内温度低），压缩机的排量也变小，即制冷剂的流量减小。在蒸发器与压缩机之间安装气液分离器，目的是使从蒸发器出来的未蒸发的液态制冷剂分离，避免进入压缩机。

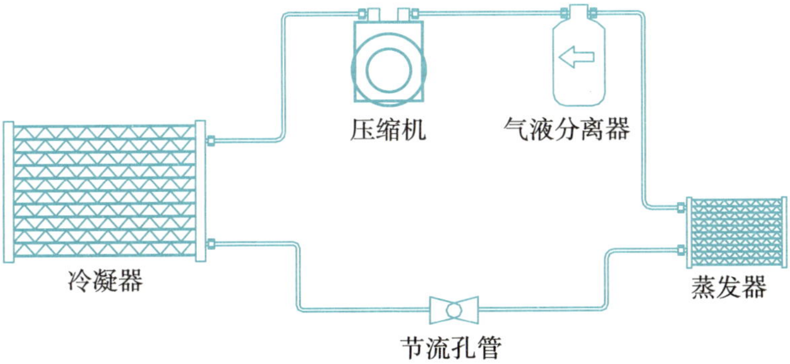

图 3-45　VDOT 系统

有些豪华汽车的空调有两个蒸发器，如图 3－46 所示。其中一个蒸发器安装在仪表盘里，另一个蒸发器安装在后排位置。前后蒸发器的工作状态由电磁阀控制。

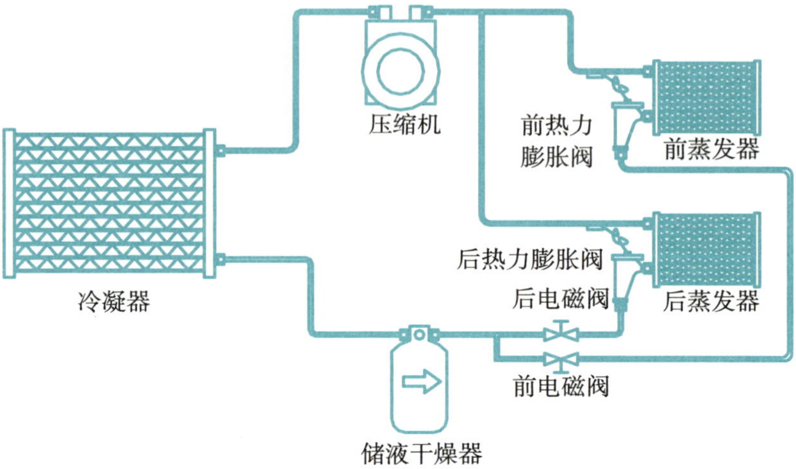

图 3－46　双蒸发器系统

3.12　汽车空调制冷系统的布置

汽车空调 CCTXV 系统的布置如图 3－47 所示。

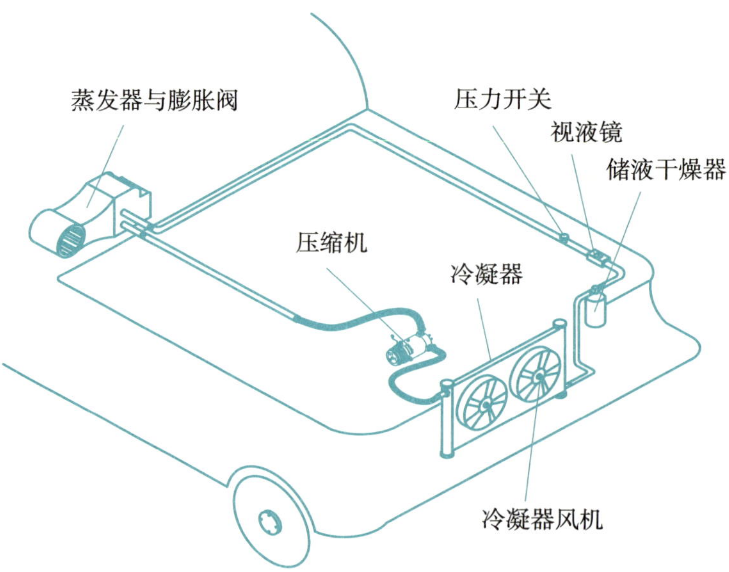

图 3－47　汽车空调 CCTXV 系统的布置图

汽车空调压缩机一般直接由发动机通过皮带驱动，所以压缩机安装在发动机上。

为了增强冷却效果，冷凝器通常安装在发动机散热器前，并与散热器共用一个由发动机直接驱动的风扇。目前，大排量汽车在冷凝器前增设了由电力驱动的风扇，除了增加风量外，还使冷凝器的冷却不受汽车行驶速度的影响。发动机前置前驱的汽车，其风扇一般都由电力驱动。

蒸发器一般安装在驾驶室仪表盘内，目的是降低蒸发器和鼓风机出口的阻力，以减少风量损失并降低噪声。

膨胀阀式节流装置一般直接安装在蒸发器进口处，以避免冷量损失。

储液干燥器安装在冷凝器旁边，利用汽车出风口处的空气对储液干燥器里被分离的气态制冷剂进行冷凝。视液镜和压力开关可以安装在储液干燥器上，也可以安装在储液干燥器与膨胀阀之间。

VDOT 系统的布置与 CCTXV 系统不同，主要区别是其气液分离器安装在压缩机前，节流孔管安装在蒸发器与气液分离器之间，如图 3－48 所示。

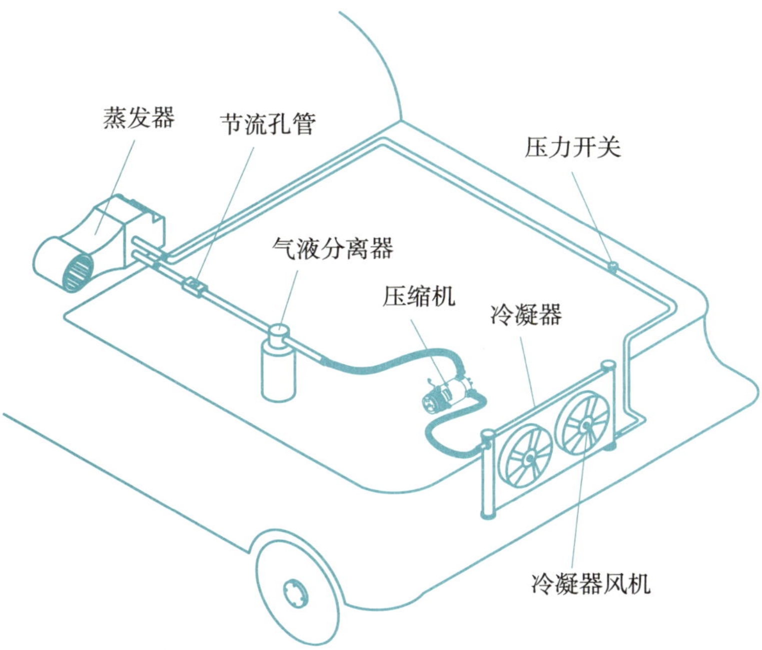

图 3－48 汽车空调 VDOT 系统的布置图

复习题

一、选择题（选择一个正确答案，并将其字母填入题内的括号中）

1. 在冷凝器内，制冷剂的状态变化是（　　）。

A. 从高压高温的气态制冷剂变成高压高温的液态制冷剂

B. 从高压高温的气态制冷剂变成低压低温的液态制冷剂

C. 从高压高温的液态制冷剂变成高压高温的气态制冷剂

D. 从高压高温的液态制冷剂变成低压低温的气态制冷剂

2. 压缩机的作用是（　　）。

A. 把低压低温的液态制冷剂变成低压低温的气态制冷剂

B. 把低压低温的液态制冷剂变成高压高温的气态制冷剂

C. 把低压低温的气态制冷剂变成高压高温的气态制冷剂

D. 把低压低温的气态制冷剂变成高压高温的液态制冷剂

3. 关于汽车空调制冷系统的工作过程，正确的说法是（　　）。

A. 制冷剂经过冷凝器时吸收车外空气的热量

B. 制冷剂经过蒸发器时吸收车内空气的热量

C. 制冷剂经过节流装置时放出热量

D. 压缩机吸入的是液态制冷剂

4. 制冷剂的冷凝温度与冷凝压力成（　　）关系；蒸发温度与蒸发压力成（　　）关系。

A. 正比　　B. 反比

C. 没关系　　D. 不确定

5. 大多数 R134a 制冷剂空调系统要求使用的润滑油是（　　）。

A. PAG 油　　B. 合成机油

C. 合成矿物油　　D. 凡士林油

6. 汽车空调制冷系统中控制压缩机开或停的部件是（　　）。

A. 真空电磁阀　　B. 电磁离合器

C. 发动机转速控制线圈　　D. 电源开关

7. 压缩机的进、排气阀是靠（　　）打开的。

A. 压力差　　B. 温度差

C. 强行　　D. 手动

8. 可通过调整（　　）厚度调整压缩机电磁离合器的间隙。

A. 垫片　　B. 从动盘

C. 皮带轮　　D. 电磁线圈

9. 当冷凝压力越大时，压缩机的排气压力就（　　）；当蒸发压力越小时，压缩机的吸气压力就（　　）。

A. 越大　　B. 越小

C. 不变　　D. 不一定

10. 当冷凝器散热片堵塞或表面有灰尘时，会造成压缩机的排气压力（　　）。

A. 减少　　B. 增加

C. 不变　　D. 不一定

11. 当蒸发器风量不足时，会造成压缩机的吸气压力（　　）。

A. 减少　　B. 增加

C. 不变　　D. 不一定

12. 热力膨胀阀的感温包感应的是（　　）。

A. 蒸发器进口温度　　B. 蒸发器出口温度

C. 蒸发器进口压力　　D. 蒸发器出口压力

13. 膨胀阀控制制冷剂过热度的目的是（　　）。

A. 提高制冷效果　　B. 减少压缩机功耗

C. 防止压缩机产生“液击”现象　　D. 防止蒸发器结霜

14. 当感温包制冷剂泄漏时，膨胀阀的开度（　　）；感温包接触不良时，膨胀阀的开度（　　）。

A. 变大　　B. 不变

C. 堵塞　　D. 变小

15. 如果热力膨胀阀开度过大会造成排气压力（　　），吸气压力（　　）；如果热力膨胀阀开度过小会造成排气压力（　　），吸气压力（　　）。

A. 减小　　B. 增大

C. 不变　　D. 不一定

16. 储液干燥器的进、出口不能接反，原因是（　　）。

A. 保证从储液干燥器出来的是 100% 的气态制冷剂

B. 保证从储液干燥器出来的是 100% 的液态制冷剂

C. 保证从储液干燥器出来的是高压高温气态制冷剂

D. 保证从储液干燥器出来的是高压高温液态制冷剂

17. 气液分离器的作用是（　　）。

A. 保证从气液分离器出来的是 100% 的气态制冷剂

B. 保证从气液分离器出来的是 100% 的液态制冷剂

C. 保证从气液分离器出来的是低压低温制冷剂

D. 保证从气液分离器出来的是高压高温制冷剂

18. 储液干燥器安装在（　　）之间；气液分离器安装在（　　）之间。

A. 蒸发器与冷凝器　　B. 冷凝器与节流装置

C. 压缩机与冷凝器　　D. 蒸发器与压缩机

19. R134a 制冷剂空调系统中各管道接头的 O 形密封圈与其他材料的密封圈是（　　）的。

A. 可以互换　　B. 一般可以，有时不行

C. 不能互换　　D. 以上答案均不对

20. A 说，CCTXV 系统设有储液干燥器；B 说，VDOT 系统设有气液分离器。谁说的对？（　　）

A. A 对　　B. B 对

C. A 和 B 都对　　D. A 和 B 都不对

21. 以下哪一项不是汽车空调制冷系统的必要装置？（　　）

A. 泄压阀　　B. 蒸发器与冷凝器

C. 节流装置　　D. 储液干燥器

二、判断题（将判断结果填入括号内，正确的填“√”，错误的填“×”）

1. 冷冻机油与制冷剂相容，随着制冷剂在系统内循环流动。（　　）

2. 不同品牌的冷冻机油可以混装、混用。（　　）

3. 当更换汽车空调制冷系统零部件时，无须添加冷冻机油。（　　）

4. 冷冻机油越多越好。（　　）

5. 电磁离合器间隙过大或过小对压缩机的工作没有影响。（　　）

6. 斜盘式压缩机的润滑方式是以飞溅方式进行的。（　　）

7. 当压缩机吸气压力过低时对蒸发器没有影响。(　　)

8. 压缩机阀门或密封垫损坏时，排气压力会增加。(　　)

9. 热力膨胀阀可以倒立安装。(　　)

10. 感温包安装在管的下表面。(　　)

11. 节流孔管没有调节过热度的作用。(　　)

12. 膨胀阀堵塞会造成排气压力增大，吸气压力减小。(　　)

13. 冷凝温度高会造成排气压力高，吸气温度低会造成吸气压力低。(　　)

14. 制冷剂越多越好。(　　)

15. 若排气压力高，则排气温度也高。(　　)

第 4 章 汽车空调采暖系统

在汽车空调中，降低车内空气温度由制冷系统来完成，而要提高车内空气温度则由采暖系统来完成。汽车空调采暖系统有如下作用：

（1）采暖。在寒冷的天气，汽车空调可以提供暖气，提高车内空气温度。

（2）调节车内温度和湿度。高档汽车空调通过制冷和制热的共同作用，可以控制送风温度，使送风温度波动小，以保证人体的舒适性。另外，高档汽车空调通过制冷和加热的共同作用也可以对车内空气相对湿度进行适当调节。

（3）车窗玻璃除霜或除雾。如果车内、外温差大，前挡风玻璃会起雾或结霜，影响司机的视线，不利于行车安全。这时可通过采暖系统送出的热风来除霜或除雾。

本章主要介绍采暖系统的类型与特点和余热式采暖系统的装置两部分内容。

4.1 采暖系统的类型

汽车空调采暖系统是将车内空气引入加热器，吸收其中的热量后再送入车内的装置。按照获得热量的来源，汽车空调采暖系统一般可分为余热式和独立燃烧式两类。

4.1.1 余热式采暖系统

余热式采暖系统是利用发动机的冷却水对车内空气进行加热的。汽车发动机工作时，发动机冷却水的温度一般在 90℃左右，所以可以用来与车内空气进行热交换，提高车内空气温度。余热式采暖系统结构如图 4－1 所示。

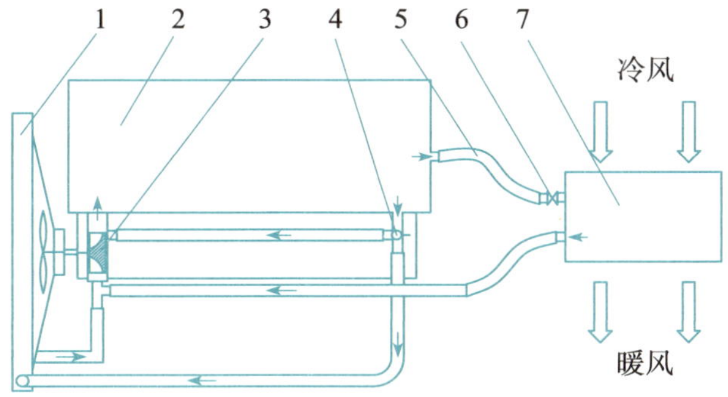

图 4-1 余热式采暖系统结构

1—散热器和电动风扇 2—机体（气缸体/气缸盖） 3—水泵和节温器
4—三通热敏开关 5—冷却软管 6—冷却液阀 7—加热器

余热式采暖系统的装置比较简单，主要由加热器、冷却液阀、冷却软管等组成。

当发动机工作时，冷却液阀打开，发动机冷却液进入加热器。车内空气由鼓风机送进加热器，与发动机冷却液发生热交换。由于车内的空气温度比发动机冷却液的温度低，其吸收了冷却液的热量温度就会升高，并通过风道送进车内，使车内温度升高。

余热式采暖系统使用起来比较安全，但获得的热量较小，适合小轿车和货车用。

4.1.2 独立燃烧式采暖系统

独立燃烧式采暖系统就是利用燃料（如汽油、柴油、煤油、丙烷等）在燃烧器中燃烧时产生的热量，通过加热器传给流经其周围的空气，然后送入车内。

独立燃烧式采暖系统不受发动机工况影响，可根据车内的热负荷选用不同的燃烧器，制热量大，是大、中型客车的主要采暖形式。

4.2 余热式采暖系统的装置

4.2.1 加热器

余热式采暖系统加热器的结构如图 4-2 所示，与管片式冷凝器的结构一样，主要由铜管（或铝管）和散热片组成。冷却液在铜管内流动，通过散热片与流经散热片的车内空气进行热交换。

4.2.2 冷却液阀

冷却液阀一般安装在加热器的进水管上，以调节发动机冷却液的流量。冷却液阀的类型有钢索拉动式、真空控制式、电磁阀控制式 3 种。

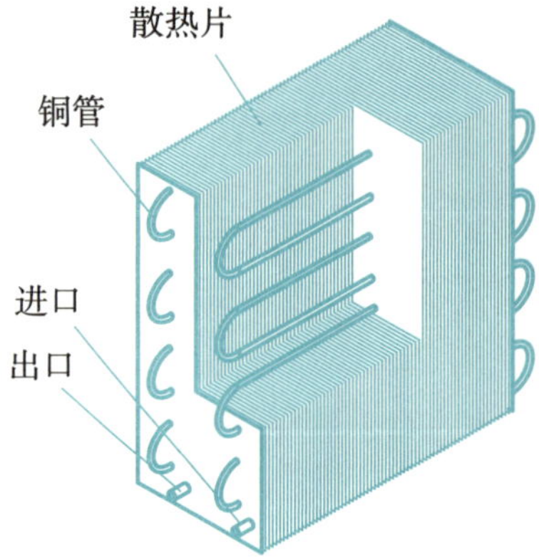

图 4－2　加热器的结构

1. 钢索拉动式冷却液阀

钢索拉动式冷却液阀的结构如图 4－3 所示，主要由钢索和阀门等组成。钢索由控制面板上的温度调节杆控制，当钢索拉动时，阀门打开，来自发动机的热水进入加热器。进入加热器的冷却液的量取决于钢索的位置。

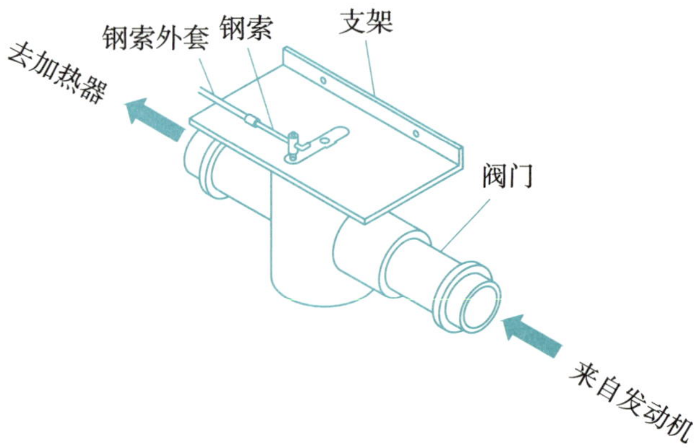

图 4－3　钢索拉动式冷却液阀的结构

2. 真空控制式冷却液阀

真空控制式冷却液阀的结构如图 4－4 所示。真空控制式冷却液阀主要由阀门和真空驱动器两部分组成。阀门由阀体、阀芯组成。真空驱动器由传动杆、真空盒、膜片、回位弹簧等组成。真空盒被膜片分为两个不相通的腔室，一侧与发动机真空源相通，一侧与大气相通。

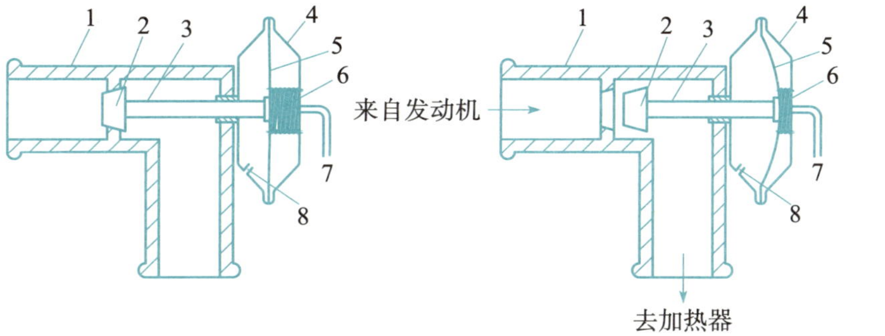

（a）关闭　　　　　（b）打开

图 4－4　真空控制式冷却液阀的结构

1—阀体　2—阀芯　3—传动杆　4—真空盒　5—膜片　6—回位弹簧　7—真空源　8—通气孔

当真空驱动器为真空时，膜片在压力差的作用下移动，弹簧被压缩，传动杆收缩，阀芯打开，来自发动机的冷却液通过阀门送到加热器；当真空驱动器断开真空源后，膜片在弹簧力的作用下伸长，阀芯关闭。进入加热器的冷却液的量取决于真空驱动器的真空度。

3. 电磁阀控制式冷却液阀

电磁阀控制式冷却液阀是汽车空调制冷系统的一个辅助装置。由于制冷系统工作时电磁阀能够自动关闭控制冷却液流入加热器的开关，使得空调制冷量得到了 100% 的应用，因此制冷效果得到了明显改善。加之其安装简单，使用成本较低，在手动空调系统中值得推广应用。

在空调系统上加装电磁阀后，其工作条件是开启 A/C 开关，这就导致在开启制冷功能的情况下则不能实现温度调节，即通往加热器的热源被切断，温度调节风门的动作将起不到温控的作用。对温度控制精度要求较高的车辆与自动空调车辆不建议安装。

4.2.3　冷却管

冷却管一般是橡胶管。橡胶管吸振能力好，能减轻发动机对加热器的冲击。冷却管一定要耐高温。

4.2.4　冷却液

冷却液是流动在采暖系统内的工作物质，它可吸收发动机的热量，使发动机缸体温度不至于过高。冷却液可以是自来水，也可以是自来水和乙二醇的混合物。由水和乙二醇组成的冷却液叫防冻液。

1. 作用

（1）防冻。一般的水在零度以下会结冰，而防冻液不会。防冻液中乙二醇的含量不同，防冻液的凝固点也不同：乙二醇的含量为 30% 时，防冻液的凝固点为 −15℃；乙二醇的含量为 60% 时，防冻液的凝固点为 −52℃。要根据不同的地区选用不同乙二醇含量的防冻液。

（2）防腐蚀。发动机及其冷却系统是由金属制造的，如铜、铁、铝、钢等。这些金属在高温下与水接触，时间长了都会被腐蚀，会生锈。而防冻液不仅不会对发动机冷却系统造成腐蚀，而且还具有防腐和除锈功能。

（3）提高沸点。水的沸点是 100℃，优质防冻液的沸点通常在 110℃以上，这样在夏季使用，防冻液比水更难沸腾，从而更安全。

（4）防垢。用水作冷却液最让司机头疼的就是水垢问题，水垢附着在水箱、水套的金属表面，使散热效果越来越差，而且清除起来也很困难。优质的防冻液采用蒸馏水制造，并加有防垢添加剂，不但不生水垢，还具有除垢功能。当然，如果水箱水垢很厚，最好还是先用水箱清洗剂彻底清洗后再添加防冻液。

2. 使用注意事项

（1）尽量使用同一品牌的防冻液。不同品牌的防冻液其生产配方会有所差异，如果混合使用，多种添加剂之间很可能发生化学反应，造成添加剂失效。

（2）防冻液的有效期多为两年（个别产品会长一些），添加时应确认该产品在有效期内。

（3）必须定期更换，一般为两年或每行驶 4 万公里更换一次，出租车应该更换得勤一些。更换时应放净旧液，将冷却系统清洗干净后再换上新液。

（4）避免兑水使用。防冻液不可以兑水使用，否则会生成沉淀，严重影响防冻液的功效。

复习题

一、选择题（选择一个正确答案，并将其字母填入题内的括号中）

1. 以下哪一项不是采暖系统的作用？（　　）

A. 对车内空气进行加热　　B. 对车内空气进行冷却

C. 除霜　　D. 调节相对湿度

2. 余热式采暖系统是利用（　　）对车内空气进行加热的。

A. 发动机的冷却液　　B. 发动机的废气

C. 汽车空调系统　　D. 燃烧器

3. 加热器是一种热交换器，是由（　　）进行热量交换。

A. 发动机冷却液与车内空气　　B. 制冷剂与车内空气

C. 燃油与车内空气　　D. 发动机冷却液与车外空气

4. 采暖系统与制冷系统共同工作可以对车内空气（　　）进行调节。

A. 比例　　B. 湿度

C. 相对湿度　　D. 洁净度

5. 以下哪一项不是防冻液的作用？（　　）

A. 防结冰　　B. 防腐蚀

C. 提高加热器的散热作用　　D. 提高沸点

二、判断题（将判断结果填入括号内，正确的填“√”，错误的填“×”）

1. 采暖系统和制冷系统可以同时工作。（　　）

2. 防冻液的凝固点低。（　　）

3. 不同品牌的防冻液可以混用。（　　）

4. 冷却液量与冷却液阀无关。（　　）

5. 防冻液的沸点高。（　　）

第 5 章 汽车空调的通风及空气净化系统

通风是将新鲜空气送进车内，取代污浊空气的过程。汽车空调的通风系统是用来调节车内送风的风量和方向，并对车内空气进行净化，提高车内空气质量，使车内空气符合一定的卫生标准，保证驾乘人员健康和舒适的。为保证车内空气的新鲜度，必要时还可以引入车外空气。汽车空调的通风方式分动压通风和强制通风两种。通风系统由送风系统和排风系统组成。通风系统装置一般由送风装置、空气净化装置、控制面板组成。本章主要介绍送风装置、风门控制元件、空气净化装置、控制面板四部分内容。

5.1 送风装置

送风装置包括送风口和送风管道。车内空气通过送风管道按要求被送到送风口。

5.1.1 送风口

送风口一般有中部送风口 A、除霜送风口 B、脚下送风口 C，分布如图 5 - 1 所示。

中部送风口一般送的是冷风或自然风，直接吹向人的上部。有左、中、右 3 个风门。风门上有格栅，通过风门调节按钮可以调节格栅，使风向可以偏左、偏右、偏上、偏下。风门关闭按钮用来关闭格栅，使风量不能从风口出来。

除霜送风口是用来除霜的。当天气冷时，由于车内空气温度高，玻璃内侧的空气容易结露，使玻璃变得模糊，影响驾驶，这时可以打开除霜送风口，送上冷风，使冷风直接吹向前挡风玻璃，玻璃就会变得清晰。如果前挡风玻璃外侧有霜，可以送上热风，使霜溶掉。

脚下送风口一般送的是热风，直接吹向人的脚部。风口上没有格栅。

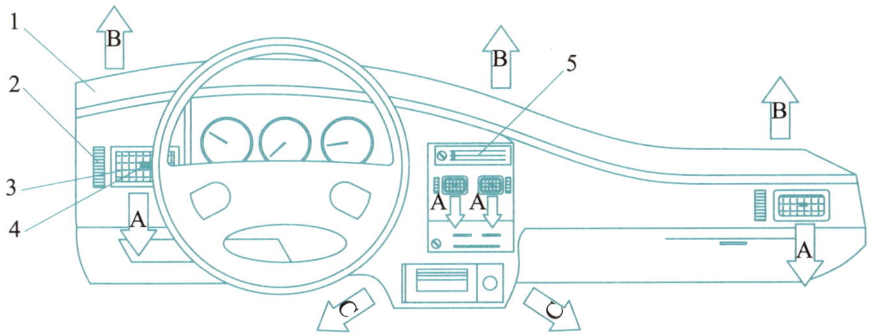

图 5－1　送风口

1—仪表盘　2—风门关闭按钮　3—风门格栅　4—风门调节按钮　5—空调控制面板

A—中部送风口　B—除霜送风口　C—脚下送风口

5.1.2　送风管道

送风管道安装在仪表盘内，结构如图 5－2 所示。

风门 1 用来控制送风口出来车外空气还是车内空气；

风门 2 用来控制空气是否经过加热器；

风门 3 用来保证冷风从中部风口送出；

风门 4 用来保证热风从脚下送风口送出以及除霜时冷风或热风从除霜送风口送出。

当打开空调时，风门 2 关闭，风门 3 打开，空气经过蒸发器冷却后从中部送出。

当打开加热开关时，风门 2 打开，风门 3 关闭，风门 4 关闭，空气经过加热器加热后从脚下送出。

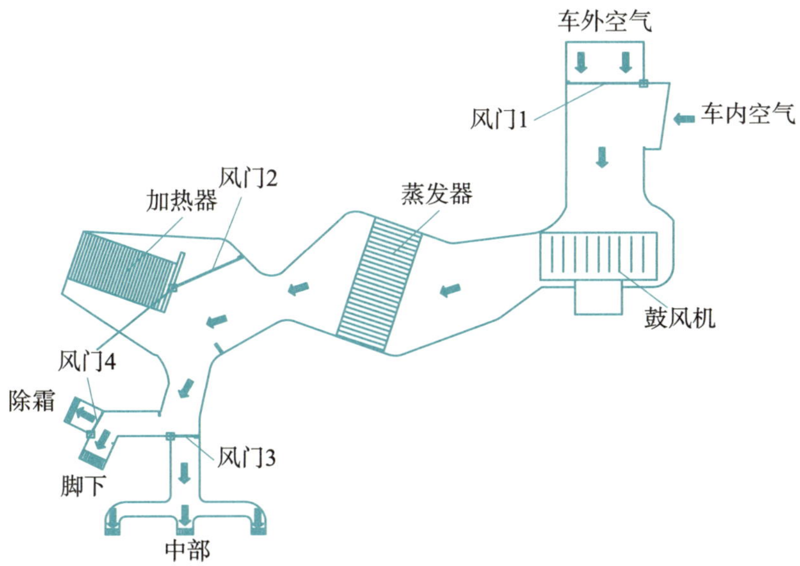

图 5－2　风门

当打开车外循环开关时，风门 1 打开，引入车外空气，保证车内空气的新鲜度，如图 5－3 所示。

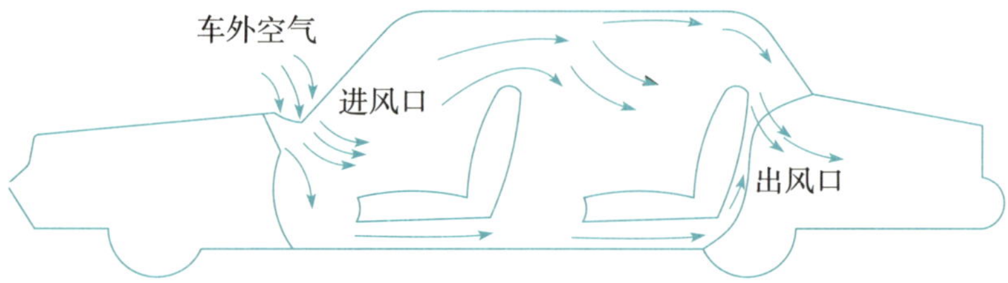

图 5－3　车内外空气循环

当要除霜送冷风时，打开空调制冷系统和除霜开关，风门 2 关闭，风门 3 关闭，风门 4 打开，冷风经过蒸发器冷却从除霜送风口送出；当要除霜送热风时，风门 2 打开，空气经过加热器加热后从除霜送风口送出。

5.2　风门控制元件

对于手动空调，风门开度由拉索或真空驱动器控制。由于用拉索控制风门比较麻烦，现已被淘汰，只有一些旧车还在使用。对于自动空调，风门开度的控制一般用伺服电机来控制。

5.2.1　真空驱动器

真空驱动器有两种：单膜片式和双膜片式。

单膜片式真空驱动器的结构及工作示意图如图 5－4 所示，由真空盒、膜片、传动杆、回位弹簧组成。真空盒被膜片分为两个不相通的腔室，一侧与发动机真空源相通，另一侧由于传动杆和真空盒有间隙，所以直接与大气相通。真空驱动器不工作时，两个腔室都与大气相通，弹簧处于松弛状态，传动杆伸长，如图 5－4（a）所示；真空驱动器工作时，上腔室具有一定的真空度，上、下腔室的压力差使弹簧被压缩，传动杆收缩，风门开度改变，如图 5－4（b）所示。

由单膜片式真空驱动器控制的风门只有两种状态：全开或全闭。

真空驱动器的弹簧可以安装于真空盒的下腔室。真空驱动器工作时，弹簧被拉伸。

真空驱动器的弹簧也可以安装在真空盒的上腔室，如图 5－4（b）所示。真空驱动器工作时，弹簧被压缩。

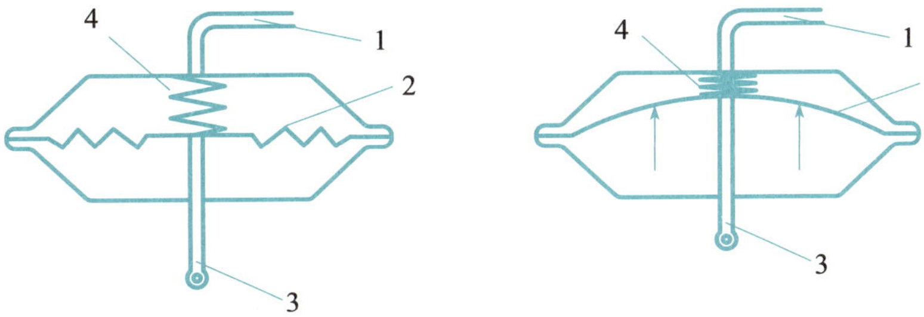

（a）全闭状态（不工作）　　（b）全开状态（工作）

图 5－4　单膜片式真空驱动器的结构及工作示意图

1—真空源　2—膜片　3—传动杆　4—弹簧

双膜片式真空驱动器的结构及工作示意图如图 5－5 所示。双膜片式真空驱动器用两个膜片把真空盒分成 3 个室：A、B 室分别与真空源相通，C 室与大气相通。当 A 室和 B 室与真空源断开时，A、B、C 室与大气相通，弹簧处于松弛状态，传动杆伸长处于最下端，这时风门处于全闭状态，如图 5－5（a）所示；当 B 室接通真空源时，B 室具有一定的真空度，A 室的弹簧被拉伸，B 室的弹簧被压缩，传动杆在 B 室膜片的带动下收缩到一半的位置，这时风门处于半开状态，如图 5－5（b）所示；当 A 室和 B 室同时接通真空源时，A 室和 B 室的弹簧同时被压缩，传动杆在两个膜片的同时带动下收缩，传动杆被提到极限位置，这时风门处于全开状态，如图 5－5（c）所示。

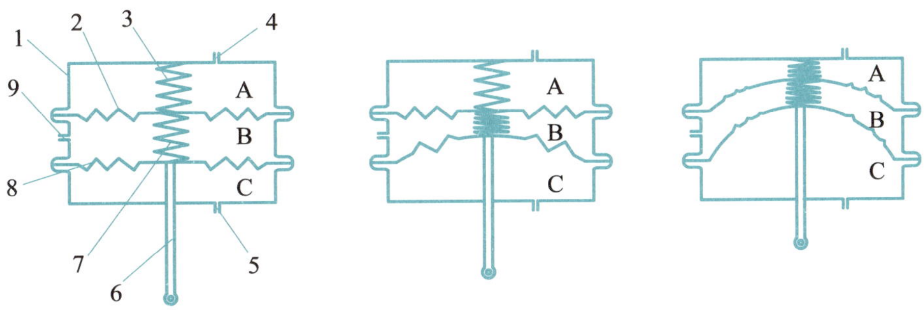

（a）全闭状态　　（b）半开状态　　（c）全开状态

图 5－5　双膜片式真空驱动器的结构及工作示意图

1—真空盒　2—A 室膜片　3—A 室弹簧　4—A 室真空接口　5—通气孔
6—传动杆　7—B 室弹簧　8—B 室膜片　9—B 室真空接口

由此可见，双膜片式真空驱动器控制的风门可以有 3 种状态：半开、全开、全闭。

5.2.2 真空罐

真空驱动器的真空源来自发动机上的进气歧管。由于发动机的运行工况不断变化，所以发动机进气歧管上的真空度也不断发生变化，影响真空驱动器的工作。为避免这种情况，有些汽车空调在真空管路上设立一个真空罐，用来储存真空，向真空驱动器提供稳定的真空力；同时在发动机停止工作时，真空罐仍然保持一定的真空，使真空驱动器能正常工作。

真空罐结构比较简单，实际上是一个金属罐，用单向阀来保持真空罐的真空度。

5.2.3 真空单向阀

真空单向阀安装在真空罐的进口里，形成真空保护装置，如图 5－6 所示。当发动机进气歧管内的真空度不大于真空罐的真空度时，真空单向阀关闭；当发动机进气歧管内的真空度高于真空罐的真空度时，真空单向阀打开，使真空罐的真空度增大。

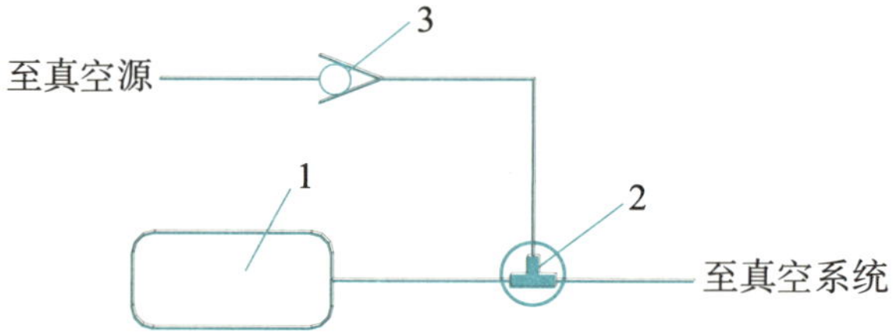

图 5－6 真空保护装置图

1—真空罐 2—三通阀 3—单向阀

5.3 空气净化装置

空气净化主要是除去空气中的悬浮颗粒及车内烟雾等。汽车空调系统的空气净化包括两部分：车外空气净化和车内循环空气净化。车外空气受到外界环境的污染，包括灰尘、汽车废气中的 CO_2、CO、NOx、SOx、碳氢化合物和烟雾等；车内循环空气受到的污染，包括通过车底裂缝进入到车内的发动机废气、人体发出的汗臭、人呼吸发出的臭气和 CO_2、汽车内装饰件产生的异味或有毒气体，这些污染物对人体健康造成不利的影响，使人精神疲倦，容易造成行车事故，所以必须对汽车空调的空气进行净化处理。

研究发现，空气中含有大量的负离子，能够对人的精神产生镇静作用以及其他良好的生理调节作用。为此，向车内输送含有一定浓度的负离子可以提高空气质量。

目前，汽车空调的空气净化装置常用的有空气过滤式和静电除尘式两种。

5.3.1 空气过滤式空气净化装置

空气过滤式空气净化装置是在空调送风管道的进风口设置空气滤清装置，以过滤空气中的灰尘和杂物。该装置结构简单，工作可靠，只要清除该装置中灰尘或杂物即可重新使用，故广泛应用在各种汽车空调系统中。

5.3.2 静电除尘式空气净化装置

静电除尘式空气净化装置是在空调送风管道的进风口除设置空气滤清装置外，还在其后设置一套静电除尘装置。它除了可以过滤和吸附微小颗粒等杂质外，还具有除臭、杀菌和产生负离子、更新车内空气的作用。由于其结构复杂，成本高，所以只用在高级汽车上。

1. 静电除尘式空气净化装置的组成

静电除尘式空气净化装置包括粗滤器、除尘电极、充电电极、活性炭过滤器、负离子发生器等。其示意图如图 5－7 所示。

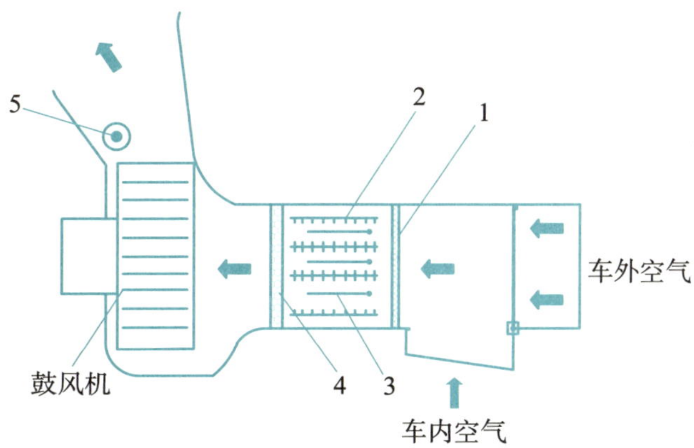

图 5－7 静电除尘式空气净化装置

1—粗滤器 2—除尘电极 3—充电电极 4—活性炭过滤器 5—负离子发生器

2. 静电除尘式空气净化装置的工作过程

（1）由粗滤器去除空气中较大颗粒的尘埃。

（2）由除尘电极去除空气中细微尘埃。

（3）由活性炭过滤器去除空气中的异味。

（4）由负离子发生器产生负离子，与空气混合后送入车内。

（5）最后由鼓风机将净化了的空气送入车内。

充电电极可以对除尘电极进行充电。活性炭能吸附空气中有毒、有气味的成分，能吸收大量的汗臭、烟臭和人体发出的各种异味，还能吸收有毒的氯化物和硫化物。活性炭主要是由硬木材、果核、椰子壳等有机物经过缺氧煅烧后，再经过有关特殊水溶液处理后干燥而得。它具有较大的表面积和很强的吸附能力，每 1g 活性炭的表面积为 100m^2，其吸附的气体量使本身增重 20% ～ 30%。但是当活性炭表面积吸附满气体分子后，就失去了作用，必须换上新鲜的活性炭过滤吸附材料。一般旧的活性炭不能再生。

5.4 控制面板

汽车空调控制面板是用来操作汽车空调的一些按钮，分为手动式控制面板和自动式控制面板。手动式控制面板在开汽车空调时，送风风速、送风方式都由驾驶员来操作，而自动控制面板可以根据车内外环境的变化自动控制送风方式和送风风速。自动控制面板还有显示器，显示汽车空调运行的各种状态。有的汽车空调自动控制面板还具有显示故障代码功能。

5.4.1 手动控制面板

手动控制面板由风机开关、风向调节杆、温度调节杆等组成，如图 5－8 所示。

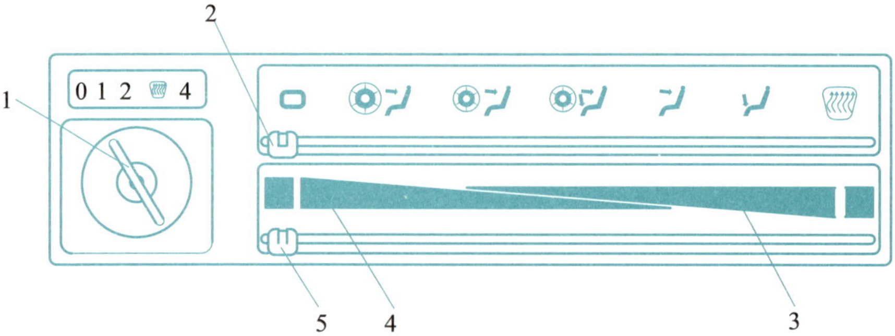

图 5－8 手动控制面板（一）

1—风机开关 2—风向调节杆 3—温度标示（热风） 4—冷风标示（冷风） 5—温度调节杆

温度调节杆是用来设定车内温度的，温度调节杆在左边时，设定的车内温度最低（制冷）；温度调节杆在右边时，设定的温度最高（加热）。

风机开关是用来调节风量的，风量一般有 4 档：0 档风机停转，1 档风量最小，4 档风量最大，3 档的风量最适合除霜。

风向调节杆是用来控制风向的：

当风向调节杆在  位置时，空气从中部风口送出，空气为车内空气；

当风向调节杆滑向  位置时，自然风从中部风口送出，空气为车外空气；

当风向调节杆滑向  位置时，空调制冷系统开始工作，冷气从中部风口送出，空气仍为车外空气；

当风向调节杆滑向  位置时，冷气大部分从中部风口送出，小部分从脚下送风口送出，空气仍为车外空气；

当风向调节杆滑向  位置时，冷气从中部风口送出，空气为车内空气；

当风向调节杆滑向  位置时，制冷系统停止工作，如果同时把温度调节杆向右滑移，车内空气通过加热器加热后从脚下送风口送出；

当风向调节杆滑向  位置时，热风从除霜风口送出，对玻璃进行除霜。

图 5－8 的手动控制面板操作不够独立，如冷风不能全部从脚下送风口送出；冷风不能从除霜风口送出，这不利于除挡风玻璃内侧的雾气；不能直接把车外空气当作自然风送出。所以很多手动控制面板采用图 5－9 所示的面板。

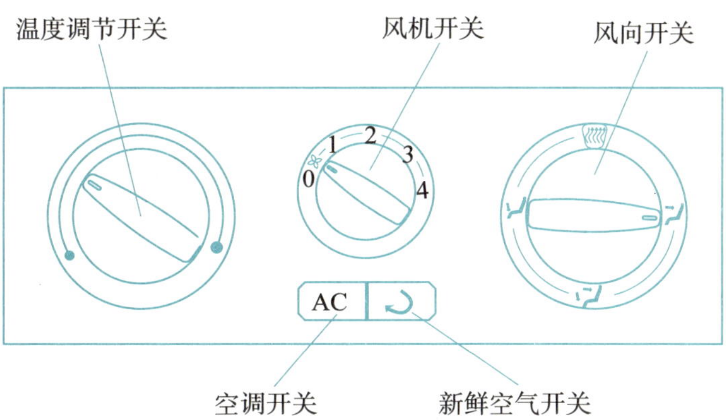

图 5－9　手动控制面板（二）

图 5－9 的手动控制面板只要按下 AC 空调开关并把风机开关打到任一档，空调制冷系统就会工作。通过风向开关，冷风可以从各个送风口送出。通过新鲜空气开关，可

以直接选择进入送风道的空气是车内的还是车外的。如要送自然风，不要按下 AC 空调开关就行了。

5.4.2 自动控制面板

自动控制面板如图 5－10 所示。

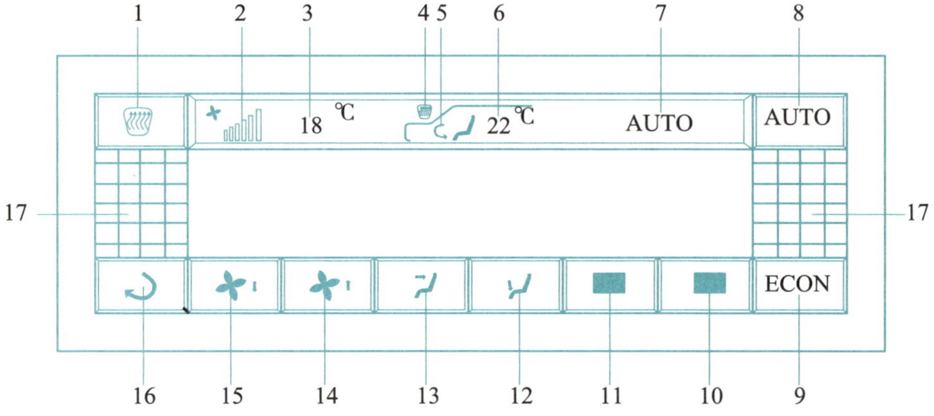

图 5－10　自动控制面板

1—除霜按扭　2—风量显示　3—设定温度显示　4—除霜显示　5—循环风显示　6—车内温度显示　7—自动运行显示　8—自动模式按扭　9—经济模式按扭　10—温度调节按扭　11—温度调节按扭　12—脚下送风按扭　13—中部送风按扭　14—加大风量按扭　15—减小风量按扭　16—车外循环按扭　17—风口

自动控制面板有 3 种模式：自动模式（AUTO）、手动模式、经济模式（ECON）。

当按下自动模式按钮 8，空调系统自动运行，自动运行的功能有风量、风向。风量随着温度的下降而下降，当车内温度达到设定温度时风量最小。当车外温度或阳光强度上升时，风量也上升。风向在各个送风口轮流送出。在一定时间内，车外循环风口打开，引入车外新鲜空气。

空调在自动模式下，显示屏显示 AUTO。显示的数据有风量、设定温度和车内温度。2 显示风量大小，3 显示设定的温度，6 显示车内达到的温度。

当按下除自动模式按扭 8 外的其他按扭，空调转入手动模式。

每按一下风量按钮 15，风量减小一级，直至最小；每按一下风量按钮 14，风量增加一级，直至最大。在显示屏上有风量显示标志 2。

温度调节按钮用来调节车内温度，当按下温度调节按钮 11 一次，温度降低 1℃，直到最低（18℃），当按下温度调节按钮 10 一次，温度升高 1℃，直到最高（29℃），这时加热系统开始工作。在显示屏上有设定温度显示标志 3。

当按下按钮 13，风从中部风口送出，当按下按钮 12，风从脚下风口送出。

要引入新鲜空气，按下按钮 16。在显示屏上有循环风显示标志 5。

要除霜时，按下按钮 1。在显示屏上有除霜显示标志 4。

当按下经济模式按钮 9，空调系统在经济模式下工作。在经济模式下，汽车空调制冷系统设定的温度比较高，意味着压缩机工作的时间短，减少了发动机的负载，节约了燃油的消耗。

复习题

选择题（选择一个正确答案，并将其字母填入题内的括号中）

1. 进入送风管道的都是（　　）。

A. 车内空气　　B. 车外空气

C. 车内空气或车外空气

2. 中部送风口送出的是（　　）；脚下送风口送出的是（　　）；除霜送风口送出的是（　　）。

A. 冷风或自然风　　B. 热风

C. 冷风或热风　　D. 冷风

3. 真空单向阀的作用是（　　）。

A. 保证发动机进气歧管内的真空度不大于真空罐的真空度

B. 保证发动机进气歧管内的真空度不小于真空罐的真空度

C. 保证发动机进气歧管内的真空度等于真空罐的真空度

4. A 说：双膜片式真空驱动器控制的风门可以有 3 种状态：半开、全开、全闭；B 说：由单膜片式真空驱动器控制的风门只有两种状态：全开或全闭。谁说得对？（　　）

A. A 说得对　　B. B 说得对

C. A 或 B 说得都对　　D. A 或 B 说得都不对

5. 当自动空调自动运行时，下列哪一项随着环境温度的变化而自动变化？（　　）

A. 风量　　B. 压缩机转速

C. 设定的车内温度　　D. 送风口

6. 在自动空调中，下列哪一项功能不能自动运行？（　　）

A. 风量　　B. 循环空气

C. 除霜　　D. 风向

第 6 章 汽车空调的控制系统

本章首先讲述汽车空调的常用控制元件，接着介绍一些典型的手动空调和自动空调的控制电路，使读者对汽车空调控制系统有一个全面整体的认识。

汽车空调的功能是使车内空气的温度、湿度、洁净度以及风量保持在正常的范围内，以营造一个舒适的环境，为此，在车内、外环境不断变化的情况下，汽车空调的控制系统对空调系统的工作状态进行调节和控制，以适应变化着的状况并使其有效地发挥作用。同时汽车空调的控制系统也起着保证空调系统安全运行的作用。自动化、半自动化控制系统的出现和不断完善也使驾驶人员从烦琐的操作中解脱出来，将注意力更集中于车辆的安全驾驶。

汽车空调的控制系统主要控制对象是部件的工作状态，如压缩机电磁离合器、蒸发器和冷凝器电机、风门等，还可控制系统的温度、压力、发动机转速等。

6.1 常用控制元件

6.1.1 温度控制元件

1. 波纹管式恒温器

波纹管式恒温器指的是感受蒸发器的出风口温度，并通过自身机构的动作来控制压缩机电磁离合器线圈的电流，使压缩机产生开或停动作以调节车内温度的控制元件。

（1）波纹管式恒温器的组成与作用。

波纹管式恒温器由感温机构、调温机构、触点机构 3 部分组成，如图 6－1 所示。

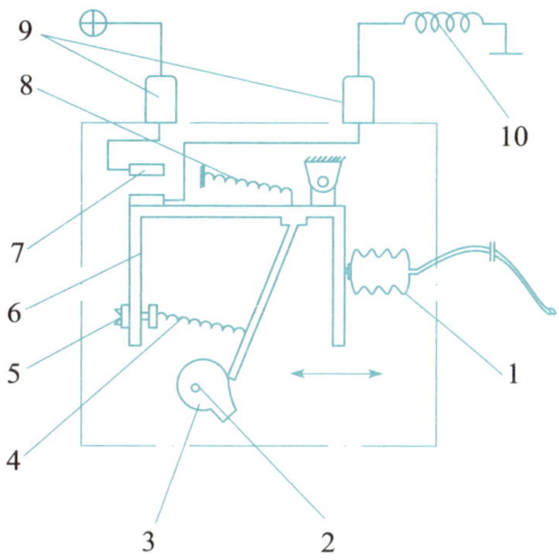

图 6－1　波纹管式恒温器

1—波纹管轴承　2—转轴　3—凸轮　4—调节弹簧　5—温度调节螺钉　6—杠杆
7—定触点　8—支撑弹簧　9—线接头　10—压缩机电磁离合器线圈

波纹管式恒温器的感温机构包括毛细管和波纹管，其内部充有感温介质。毛细管的一端插入蒸发器进风口管道，感受蒸发器的进风温度。当蒸发器进风温度变化时，波纹管式恒温器内部的温度和压力也发生变化，致使波纹管伸长或缩短。

波纹管式恒温器的调温机构主要有凸轮、转轴、调节螺钉等。凸轮用来人工设定温度，当顺时针旋转时，弹簧收缩，调到比较低的温度才能使触点断开，即设定的蒸发器表面温度较低（也可以说，车内设定的温度较低）。当逆时针旋转到底时，恒温器处于绝对断开位置，在这个位置上恒温器的开关动作不受温度的影响，始终使压缩机的电磁离合器线圈电流中断（即压缩机不工作）。

波纹管式恒温器的触点机构由定触点、动触点、弹簧、杠杆等组成。定触点与蓄电池正极连接，动触点与压缩机离合器线圈连接。

（2）波纹管式恒温器的工作过程。

当触点处于断开位置时，压缩机也处于停止状态，此时车内达到所设定的温度。当车内温度升高时，导致蒸发器表面温度升高，所以感温包内感应的温度也升高，压力随之上升，使波纹管伸长。波纹管触点与摆动框架相连，框架上有一动触点，而壳体上有一定触点。波纹管的伸长使触点闭合，电磁离合器电流接通，使压缩机工作。当温度下降时，感温包内温度也下降，同时压力减少使波纹管缩短，触点分开，电磁离合器电流断开，使压缩机停止工作。经过这样不断的调节，使车内温度始终控制在所设定的温度范围内。

由于波纹管式恒温器灵敏度差，已经被现在的汽车空调所淘汰，使用热敏电阻式恒温器。

2. 热敏电阻式恒温器

（1）热敏电阻式恒温器的特性与作用。

热敏电阻式恒温器其实是一个小圆片热敏电阻，这种热敏电阻是负感温特性电阻，即随着温度的升高，电阻值下降。热敏电阻特性曲线如图 6－2 所示。

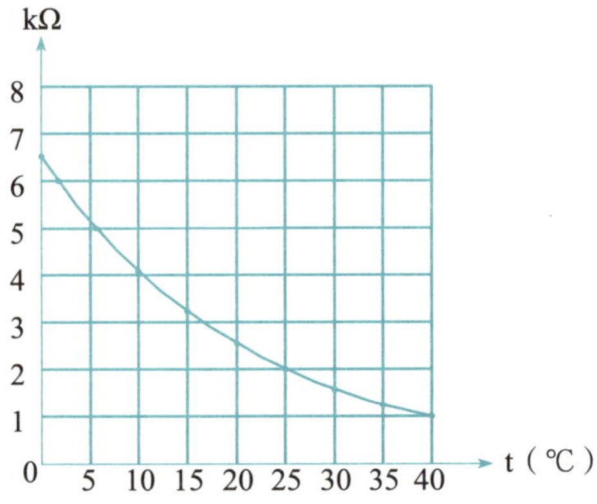

图 6－2　热敏电阻特性曲线

热敏电阻必须与空调放大器一起才能起恒温器的作用。由于温度的变化使热敏电阻的阻值发生变化，通过空调放大器的作用使压缩机电磁离合器电路产生接通和断开两种状态，以达到控制压缩机工作状态的目的。热敏电阻安装在蒸发器进风口上，感应蒸发器进风口的温度。

（2）热敏电阻式恒温器的工作过程。

热敏电阻式温控器控制电路如图 6－3 所示。温度调节器是用来设定车内温度的。当打开空调开关时，由于车内温度高，热敏电阻 1 的阻值小，通过放大器的作用使压缩机电磁离合器线圈 3 有电流通过，压缩机工作，汽车空调制冷系统开始制冷，车内温度逐渐下降。当车内温度到达所设定的温度时，热敏电阻 1 把感应的阻值变化传到放大器，通过放大器的作用断开压缩机电磁离合器线圈 3 的电流，压缩机不工作，空调制冷系统停止制冷。当车内温度升高时，热敏电阻 1 又把感应的阻值变化传到放大器，通过放大器的作用使压缩机电磁离合器线圈 3 通电，压缩机重新工作，空调制冷系统重新制冷。这样通过不断的循环，使车内保持在所设定的温度范围内。

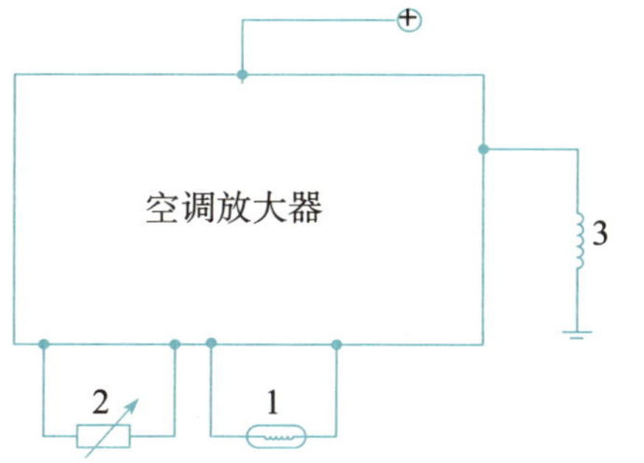

图 6-3　热敏电阻式温控器控制电路图

1—热敏电阻　2—温度调节器　3—压缩机电磁离合器线圈

3. 双金属片式感温器

（1）双金属片式感温器的组成与作用。

双金属片式感温器是由两片对温度变化胀缩不同的金属片组成的，上面有一个动触点，壳上有一个定触点，如图 6-4 所示。由于温度的变化这两片金属产生不同的变形，使触点打开或关闭。

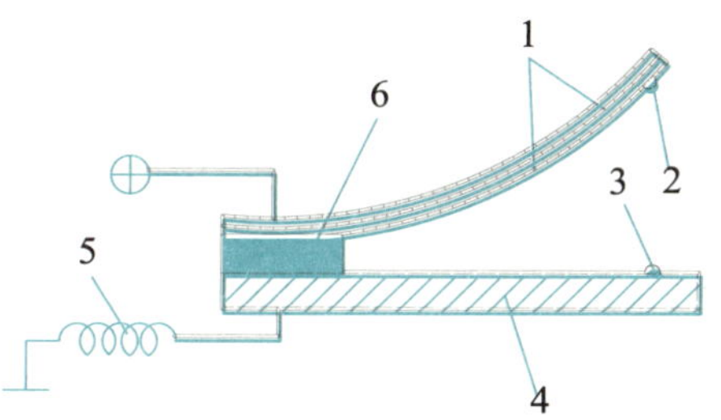

图 6-4　双金属片式感温器

1—双金属片　2—动触点　3—定触点　4—金属片　5—压缩机电磁离合器线圈　6—绝缘垫片

（2）双金属片式感温器的工作过程。

当打开空调时，由于在设定的温度范围内，双金属片平伸触点是闭合的，这时电流接通，压缩机开始工作（制冷开始），这时就有冷空气不断地通过双金属片感温器，引起感温器中的双金属片的一片收缩成形，随着压缩机工作时间的加长，也即随着空气温度的不断下降，这片金属不断收缩，直到使触点分开，压缩机随即停止工作。车内的温度也开始上升，当温度达到一定的数值时，触点又闭合，又重复上述的工作过程。

4. 环境温度开关

环境温度开关是用来避免在车外空气温度过低的情况下开空调造成浪费。当车外空气温度低于某一值时（如3℃），即便打开空调开关压缩机也不工作；当车外空气温度高于某一值时（如4℃），打开空调开关压缩机处于工作状态。

5. 0℃开关

0℃开关用来控制蒸发器散热片的表面温度不低于0℃，避免冷凝水结冰。0℃开关的结构示意如图6－5所示。0℃开关与压缩机电磁离合器线圈串联，正常工作时触点闭合，压缩机电磁离合器电路接通。当蒸发器散热片表面温度接近0℃时，通过与蒸发器散热片相接触的毛细管可以感知这一温度。毛细管内含有制冷剂，会因毛细管的温度变化而使波纹管膨胀或者收缩。当毛细管感受到蒸发器散热片表面温度较低时，波纹管收缩，杠杆在弹簧力的作用下逆时针摆动，触点断开，使压缩机电磁离合器电路断开。当温度升高至预先设定的温度点（4℃～5℃）时，毛细管感受到蒸发器温度较高，波纹管膨胀，推动杠杆顺时针摆动，触点闭合，使压缩机电磁离合器的电路重新接通。

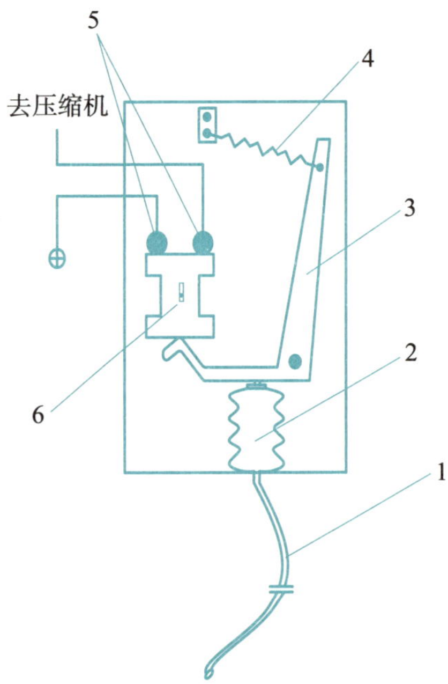

图6－5　0℃开关的结构示意图

1—毛细管　2—波纹管　3—杠杆　4—弹簧　5—定触点　6—动触点

6. 过热开关

过热开关是一种温度－压力感应型常闭开关，用来防止系统制冷剂过少造成部件过热而损坏部件的现象发生。此开关安装在压缩机的缸盖上，在正常情况下处于闭合状态，当系统制冷剂过少时，压缩机产生过热现象，过热开关断开，使压缩机停止工作，避免了压缩机过热。过热开关控制电路如图 6－6 所示。

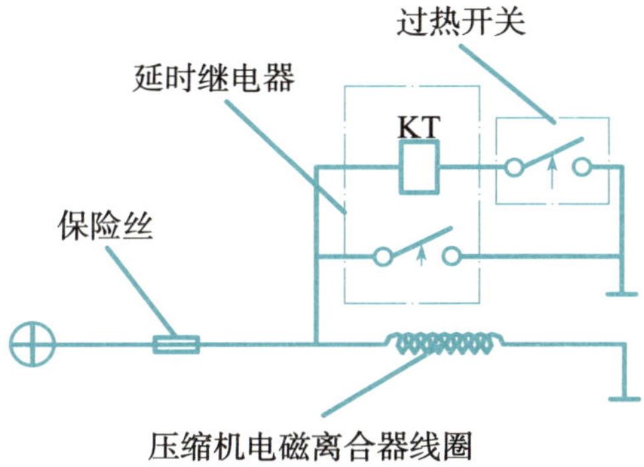

图 6－6　过热开关控制电路图

7. 水温开关

水温开关用来控制冷凝器风机转速，防止发动机水温过高。一般小轿车的冷凝器安装在发动机散热器的前面，有些小轿车为了提高冷却效果，在冷凝器前面加一个风机。当水温在 95℃以下时，冷凝器风机不工作；水温超过 95℃时，冷凝器风机低速运转；水温超过 105℃时，冷凝器风机高速运转。水温开关控制电路如图 6－7 所示。

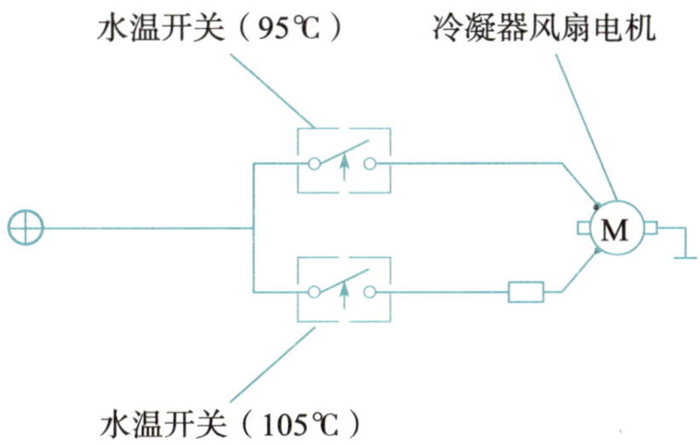

图 6－7　水温开关控制电路图

有些车型的水温开关是通过控制压缩机停转来防止水温过高的。水温超过 120℃时，开关断开，压缩机停转；水温降至 106℃时，开关自动接通，压缩机重新工作。

6.1.2　压力控制元件

压力控制元件有两类，一类是通断型，即对所设定的压力执行通或断的指令，如高、低压开关；另一类是调节型，对所设定的压力执行的是一个调节过程，如蒸发器压力调节器等。

1. 高压开关

高压开关是当制冷系统压力过高时，断开压缩机，使其不工作，以保护系统不受损坏。高压开关的结构及控制电路如图 6－8 所示，压力正常时，动触点在弹簧的作用下与定触点接合，线路接通；压力过高时，膜片往下压，克服弹簧力推动动触点下移，定触点与动触点分开，线路断开，压缩机停止工作；压力下降时，弹簧推动动触点上移，与定触点接合，压缩机重新工作。制冷剂为 R134a 时，高压开关工作时的压力≥ 3.00MPa。高压开关安装在压缩机与冷凝器之间的管路上。

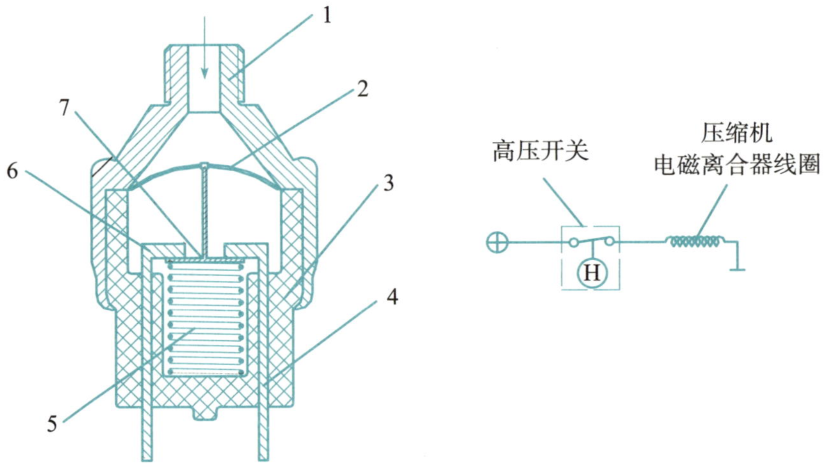

图 6－8　高压开关的结构及控制电路图

1—进口接头　2—膜片　3—阀体　4—端子　5—弹簧　6—定触点　7—动触点

2. 低压开关

低压开关是当制冷系统压力过低时（如制冷剂过少或管路堵塞），断开压缩机，使其不工作，避免压缩机空转产生过热现象，损坏系统部件。低压开关的结构及控制电路如图 6－9 所示，压力正常时，动触点在弹簧的作用下与定触点接合，线路接通；压力过低时，膜片往上压，推动动触点上移，定触点与动触点分开，线路断开，压缩机停止工作；压力升高时，膜片克服弹簧力推动动触点下移，与定触点接合，压缩机重新工作。制冷剂为 R134a 时，低压开关工作时的压力≤ 0.11MPa。低压开关同高压开关一样，也安装在压缩机与冷凝器之间的管路上。

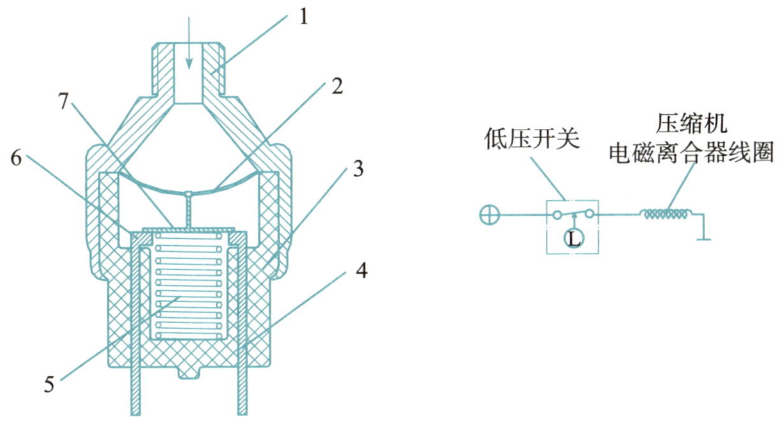

图 6-9　低压开关的结构及控制电路图

1—进口接头　2—膜片　3—阀体　4—端子　5—弹簧　6—定触点　7—动触点

3. 双位压力开关

双位压力开关是把高、低压开关合成一体，具有高、低压力开关的作用，无论系统压力过高还是过低都断开压缩机的工作，避免系统部件损坏。双位压力开关安装在高压管路上。双位压力开关的结构及控制电路如图 6-10 所示。

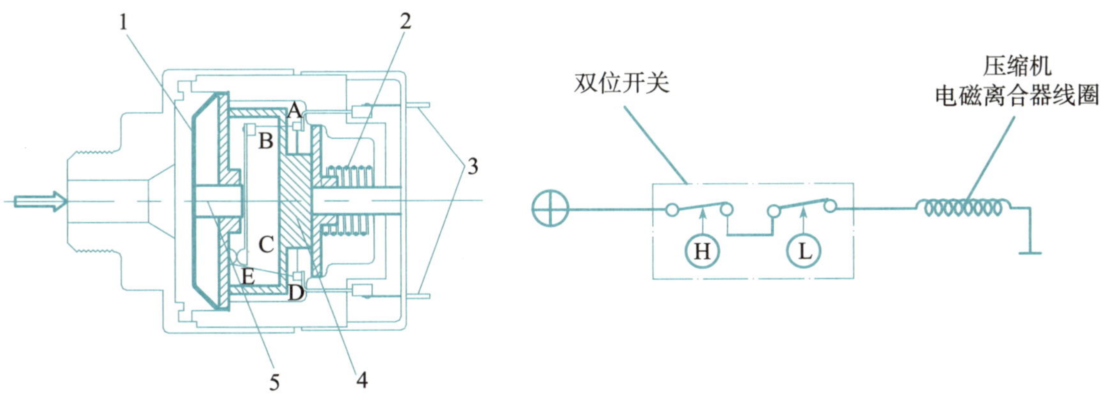

图 6-10　双位压力开关的结构及控制电路图

1—膜片　2—弹簧　3—接线端子　4—活塞　5—推杆　A、B、C、D、E—触点

当系统压力正常时，所有触点接合，线路 A—B—C—D—E 接通，压缩机工作；压力过低时，弹簧推动活塞左移，触点 A、D 与接线端子分开，线路断开，压缩机停止工作；压力过高时，膜片克服弹簧力先推动活塞右移，到顶后，膜片继续推动推杆 5 右移，触点 C、E 分离，线路断开，压缩机停止工作。

双位压力开关的工作范围与高压开关和低压开关的一样。

4. 三位压力开关

三位压力开关除具有双位压力开关的作用外，还可以控制冷凝器风扇的转速，以改善冷凝器的散热条件。三位压力开关控制电路如图 6－11 所示。

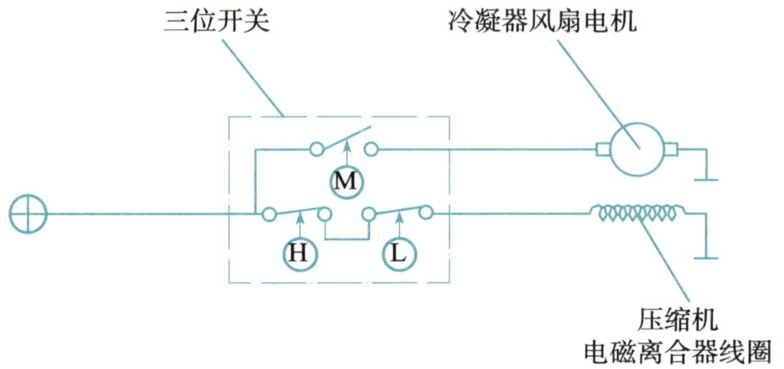

图 6－11　三位压力开关控制电路图

三位压力开关的工作过程（以 R134a 制冷剂空调系统为例）如下：

制冷剂压力≤ 0.11MPa 时，高、低压触点断开，压缩机停转，实现低压保护；

制冷剂的压力达到 0.2MPa 以上时，触点闭合，压缩机正常工作；

制冷剂压力≥ 1.67MPa 时，接通冷凝器风扇的高转速触点，风扇高速运转，提高冷凝器的散热效果；

制冷剂压力≥ 3.00MPa 时，高、低压触点断开，压缩机停转，实现高压保护。

以上压力技术参数视车型的不同而略有差别，准确的压力技术参数应查找有关该车型的维修手册。

对于自动空调，压力开关不直接控制压缩机的工作，而是把信号输入放大器，通过放大器来控制压缩机的工作，如图 6－12 所示。

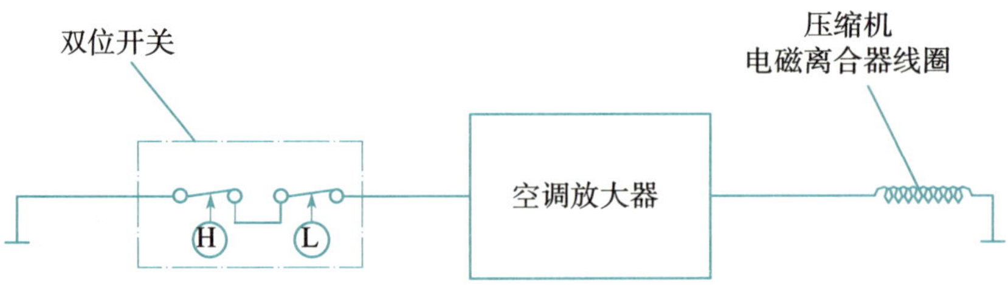

图 6－12　压力开关自动控制电路图

5. 蒸发压力调节阀

一种简单的蒸发压力调节阀的工作原理如图 6－13 所示，在铜质波纹管内充有气体，用它直接控制一个锥阀。蒸发压力减小时，波纹管膨胀，把锥阀推向阀座，出口面积减小，制冷剂出口量减少，蒸发压力升高；蒸发压力增大时，波纹管收缩，锥阀远离阀座，出口面积增加，制冷剂出口量增加，蒸发压力下降。这样，就可使蒸发压力控制在一定的范围内。

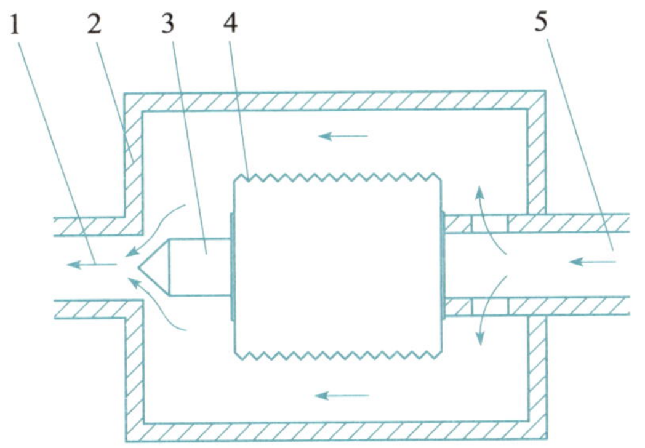

图 6－13　蒸发压力调节阀的工作原理图

1—出气口　2—外壳　3—锥阀　4—波纹管　5—进气口

6.1.3　车速调节元件

非独立式汽车空调的压缩机由发动机驱动，为保证发动机正常工作，必须对发动机的转速进行控制。

1. 怠速提升装置

汽车在怠速状态下开空调时，由于发动机的负荷增大，发动机会熄火。因此一般设有发动机怠速提升装置，在汽车怠速状态下开空调能提升发动机的转速。

（1）怠速提升装置的组成与作用。

怠速提升装置主要由真空动作器、真空电磁阀等组成。怠速提升装置适合于化油式发动机，对于电喷发动机，由怠速空气调整器（ISCV）控制，如图 6－14 所示。在发动机怠速运转时，若打开空调，负荷增大，怠速空气调整器可以自动加大旁通道的截面面积，增加进风量，使发动机怠速升高转为快怠速，以防发动机熄火。

（2）怠速提升装置的工作原理。

如图 6－15 所示，当制冷系统开关断路时，电磁阀不通电，磁力消失，压缩弹簧把阀心下顶，进气歧管的真空度传到真空动作器的膜片下腔，克服弹簧的压力，使膜片下移，于是操纵臂与摇臂脱开，节气门保持原怠速开度，即此时空调装置不影响发动机正常工作。发动机怠速转速不升高。在使用空调时，即打开空调开关时，电磁线圈通电，真空阀的阀心受到电磁力的作用，克服弹簧力上提，关闭了真空电磁阀的真空通道，大气通路开启，真空动作器中膜片的上下压差为零，膜片在弹簧力的作用下向上方移动，通过操纵臂压下摇臂，使节气门的开度加大，发动机的转速随之上升，以适应发动机驱动冷气设备的需要。

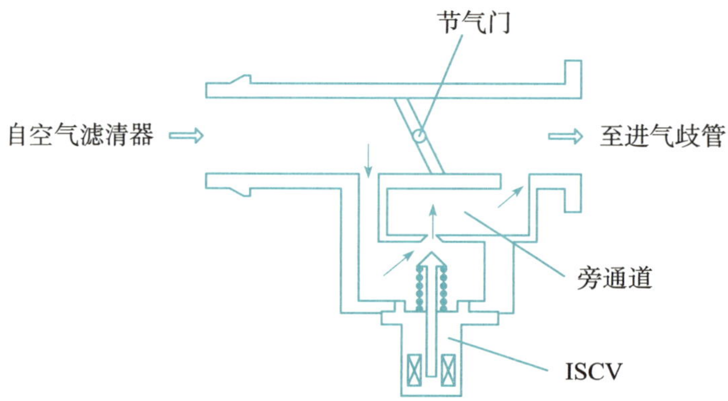

图 6－14　怠速空气调整器

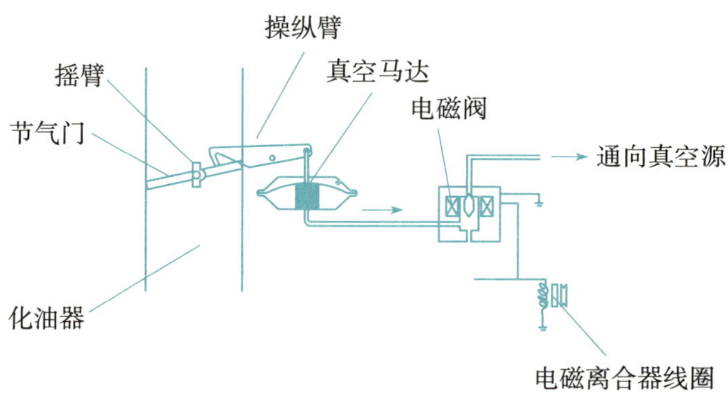

图 6－15　怠速提升装置的工作原理图

对于手动式汽车空调，怠速提升装置由空调开关控制。只要压缩机工作，怠速提升装置也工作，但发动机在高速运转时不起作用。

对于自动式汽车空调，怠速提升装置由放大器控制。发动机在怠速时，怠速提升装置工作，发动机提速；发动机的转速高于怠速时，怠速提升装置不工作。

2. 超速开关

超速开关的作用是当汽车加速时断开压缩机，使其不工作，加大汽车的功率，使汽车有足够的动力超车；同时防止汽车在加速时，由于发动机转速过高，超过压缩机的额定转速而损坏压缩机。

超速开关一般安装在油门踏板下：当油门踏板达到其行程的 90% 时，电路断开，压缩机停止工作，使发动机有足够的动力超车。一般电路断开 6 秒后又能自动接通，空调恢复工作。

6.1.4 其他控制元件

1. 风机调速器

风机调速器是通过改变进入鼓风机线圈中电流的大小来控制鼓风机的转速的。风机调速器有两种类型：电阻式调速器和电子式调速器。

（1）电阻式调速器。

电阻式调速器的工作原理如图 6－16 所示，在鼓风机的开关上设有不同阻值的几个电阻，通过开关接不同挡位，把不同阻值的电阻串联到鼓风机的线圈电路中去，使鼓风机产生不同转速。其中 Ⅰ 挡鼓风机转速最小，Ⅳ 挡最大。

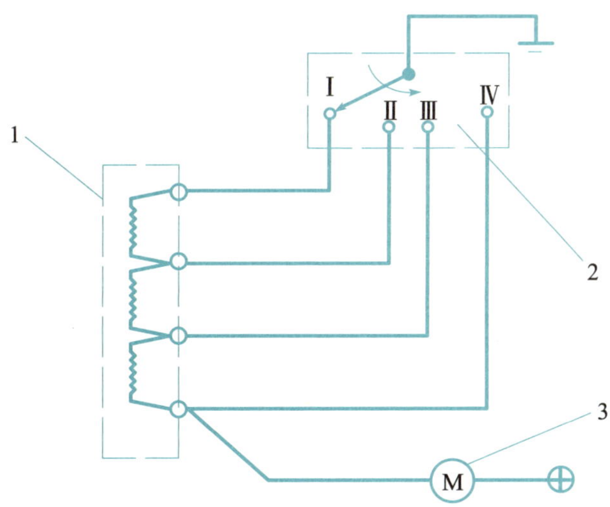

图 6－16 电阻式调速器的工作原理图

1—调速电阻 2—风机开关 3—鼓风电机

（2）电子式调速器。

电子式调速器是将从 ECM 出来的低电流信号转换成高电流信号，改变鼓风机线圈的电压，从而改变鼓风机的转速。鼓风机的转速无限可变，而通常最高为 13 个挡位。这种类型的调速控制器一般与 ECC（electronic climate control）系统一起使用。当选择最高风机转速时，信号一般直接从电池出来，只经过一个继电器。

2. 继电器

空调控制电路中的鼓风机、电磁离合器等的电流，如果用电源开关直接控制，则由于电流过大而有触点烧蚀的可能；若从蓄电池直接供电，则又会使蓄电池大量放电。为了防止以上现象的发生，在电路中较多使用继电器，即小电流通过电磁线圈控制较大电流。继电器的工作原理如图 6－17 所示。

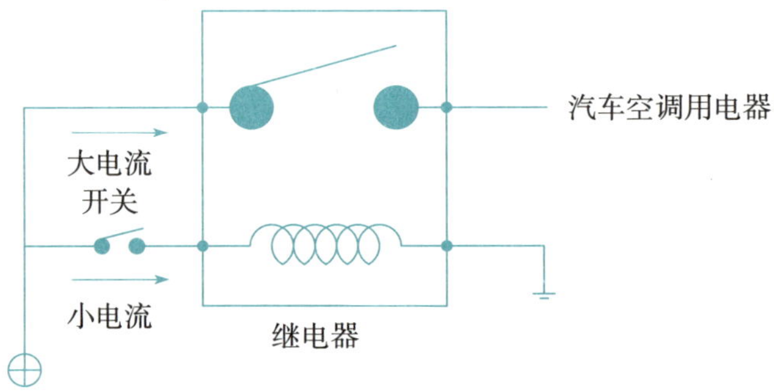

图 6－17　继电器的工作原理图

6.2　汽车空调控制电路

汽车空调控制电路的目的是保证制冷剂系统的正常工作，使其达到预期的降温目的。它的主要控制对象一是电磁离合器，进而控制压缩机的工作状态；二是风量，提高换热效果。目前汽车空调控制电路主要有手动空调控制电路、自动空调控制电路、全自动空调控制电路。

6.2.1　手动空调控制电路

手动空调控制电路如图 6－18 所示，这类空调控制电路比较简单，主要由电源控制部分和安全控制电路两部分组成。

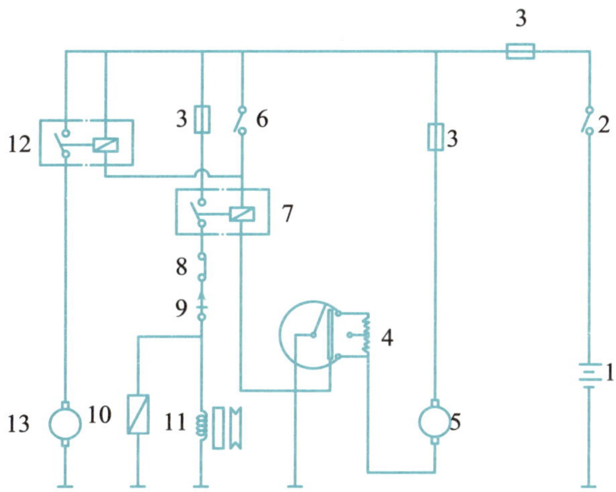

图 6－18　手动空调控制电路图

1—蓄电池　2—钥匙开关　3—熔断丝　4—鼓风机开关　5—鼓风机　6—空调开关　7—继电器　8—压力开关
9—恒温器　10—怠速提升器　11—电磁离合器　12—继电器　13—冷凝器电机

1. 电源控制部分

电源控制部分包括蓄电池、钥匙开关、熔断丝、鼓风机开关、空调开关。

电源控制部分的功能是钥匙开关在“ON”位置（或发动机起动后）时，当打开鼓风机开关，鼓风机工作，只要打开空调开关，电磁离合器吸合，压缩机工作，制冷系统就开始循环制冷，车内空气通过鼓风机被强制送入蒸发器夺去热量变成冷气后吹入车厢内。

提升器与压缩机同时工作，目的是保证压缩机在工作时提高发动机的怠速，避免发动机怠速时熄火。

冷凝器电机与压缩机同时工作，目的是保证系统热量及时排至车外，不会造成系统压力过高。如果排量小的轿车，冷凝器与水箱共用一个风扇，取消了冷凝器电机。如果只吹自然风，则关闭空调开关。

2. 安全控制电路

安全控制电路包括压力开关、恒温器、继电器。

系统出现压力异常时，压力开关断开，切断压缩机电磁离合器的电路，使压缩机停止工作；系统压力恢复正常时，压力开关闭合，接通压缩机电磁离合器的电路，使压缩机重新工作，对制冷系统起到保护和自动控制的作用。

恒温器用来控制车内温度。制冷系统开始工作后，车内温度逐渐下降，达到设定温度时切断压缩机电磁离合器的电路，使压缩机停止工作。如果压缩机不停止工作，制冷继续进行，一方面车内温度会过低，使人体产生冷的不舒适感，另一方面蒸发器散热片表面温度会过低，甚至达到 0℃以下，这样冷凝水就会结霜甚至结冰。

6.2.2 自动空调控制电路

如图 6－19 所示，自动空调控制电路主要由电源控制部分、放大器控制电路和安全控制电路 3 部分组成。

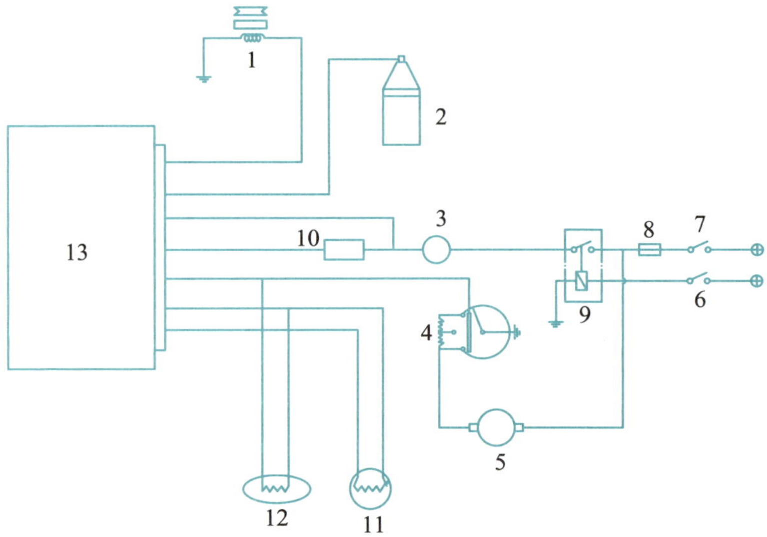

图 6－19 自动空调控制电路图

1—离合器电磁线圈 2—点火线圈 3—压力开关 4—调速电阻 5—鼓风电机 6—空调开关 7—钥匙开关 8—熔断丝 9—继电器 10—怠速提升器 11—调温电阻 12—热敏电阻 13—放大器

1. 电源控制部分

电源控制部分包括蓄电池、钥匙开关、熔断丝、鼓风机开关、空调开关。

发动机工作后，打开鼓风机开关和空调开关，压缩机开始工作。

2. 放大器控制电路

自动空调控制电路和手动空调控制电路的区别是自动空调控制电路有一个放大器控制电路。放大器控制电路控制怠速提升器和压缩机电磁离合器的工作状态。放大器控制电路包括发动机转速检测电路、温度检测电路。

（1）发动机转速检测电路。

发动机转速检测电路是通过检测发动机的转速是否达到规定值进而控制压缩机电磁离合器和提升器的工作的。发动机的转速低于规定值时，压缩机电磁离合器电路切断，压缩机不工作，这时提升器工作，让发动机的转速升高。发动机转速上升达到规定值后，接通压缩机电磁离合器电路，让压缩机工作。

测定方法是把发动机点火线圈的点火信号输入放大器，由放大器计算、比较和做出判断，然后输出信号，从而控制压缩机电磁离合器和提升器。

（2）温度检测电路。

温度检测电路是通过蒸发器出口的温度信号与设定的温度信号比较来控制压缩机电磁离合器电路的，保证车内空气温度保持在所设定的温度。热敏电阻把感应到的蒸发器出口温度变化阻值输入放大器，放大器通过与温度调节旋钮输入的阻值信号相比较。

在蒸发器出口温度达到一定值时（车内温度达到所设定温度），放大器切断压缩机电磁离合器电路，使压缩机停止工作。当车内温度升高时，蒸发器出口温度会升高，热敏电阻把蒸发器出口温度变化阻值输入放大器，放大器通过比较后接通压缩机电磁离合器电路，使压缩机重新工作。

3. 安全控制电路

在系统出现压力异常时，压力开关断开，切断压缩机电磁离合器电路，使压缩机停止工作；在系统压力恢复正常时，压力开关闭合，接通压缩机电磁离合器电路，使压缩机重新工作，对制冷系统起到保护和自动控制的作用。

6.2.3　全自动空调控制电路

全自动空调控制电路与自动空调控制电路有很大的区别，除了具有自动空调控制电路的功能外，全自动空调控制电路还可以使送风量自动变化，使送风温度保持恒定。全自动空调控制电路还有一个功能就是自诊断功能，可以检测汽车空调系统的故障并在显示器显示，方便维修。

全自动空调控制电路如图 6－20 所示。全自动空调控制电路由空调电脑、传感装置、执行装置、安全装置及故障代码检测装置 5 部分组成。

1. 空调电脑

空调电脑具有接收、输入、反馈、处理、显示、自动诊断和报警等功能，具体介绍如下：

（1）接收功能：接收传感器发出的空调系统工作情况的信息；

（2）输入功能：向空调系统发出指令，可输入温度、通风、除霜等预选要求；

（3）反馈功能：接收控制装置、调节单元的反馈信号；

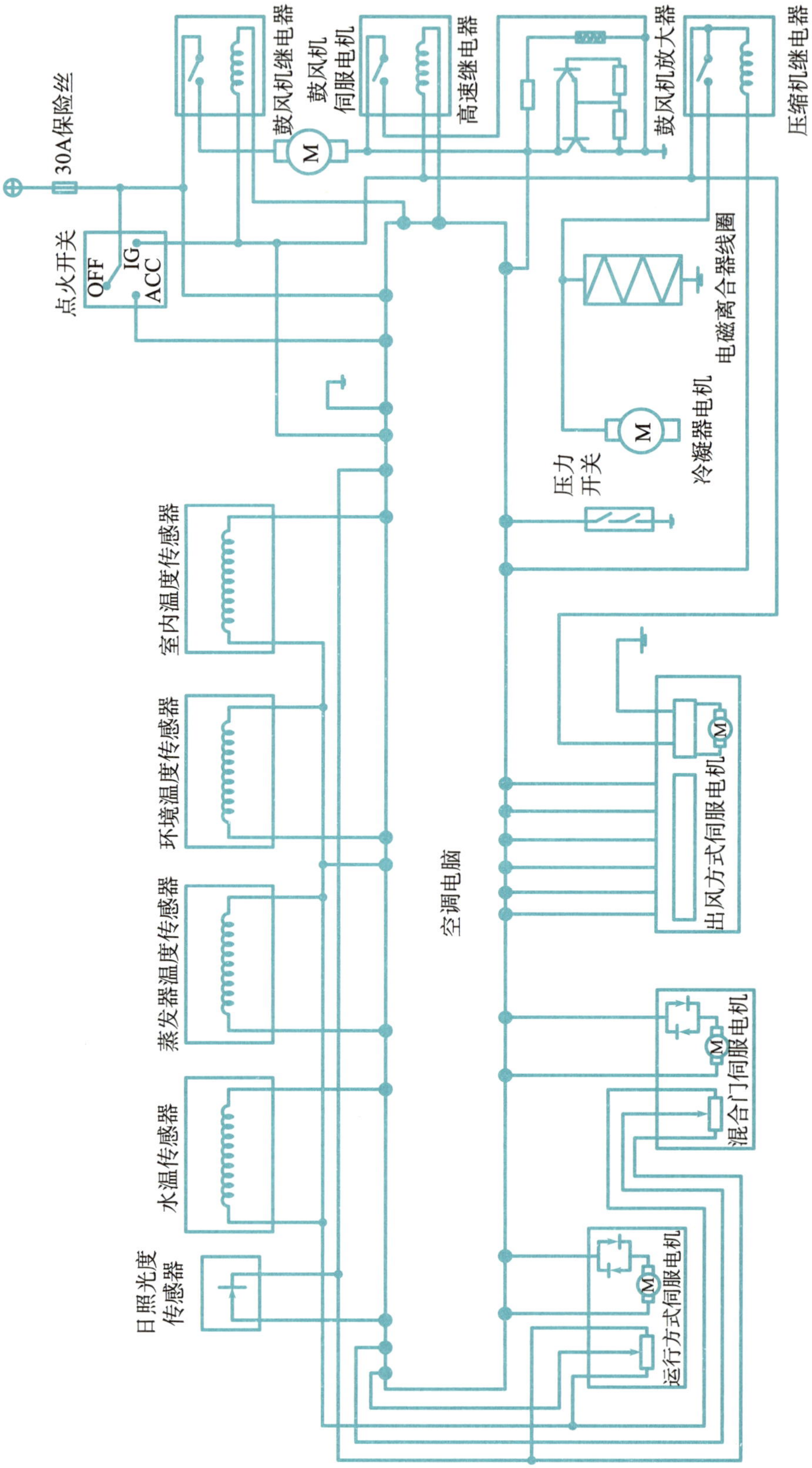

图 6-20 全自动空调控制电路图

（4）处理功能：对输入和反馈的信息进行分析、处理，向执行装置发出控制信号，使车内空气温度及通风状态符合预选要求；

（5）显示功能：工作时能在显示屏上显示空调系统的工作状态，如温度、风量、风向等；

（6）自动诊断功能：自动检测空调系统在运行过程中出现的故障并以特定的代码存储起来，通过代码可以判断空调的故障部位；

（7）报警功能：空调系统出现故障时，故障代码会闪烁在显示屏上，直到解决故障为止。

2. 传感装置

（1）日照光度传感器。

日照光度传感器感应的是阳光的光度，一般安装在仪表盘上，靠近前挡风玻璃。日照光度传感器只有在自动运行时起作用。空调系统自动运行时，空调电脑接收日照光度传感器传来的阳光光度信息，通过处理，向鼓风机伺服电机发出信号，从而可以控制风量的大小：阳光越强烈，风量越大。

（2）环境温度传感器。

环境温度传感器感应的是汽车外的空气温度，一般安装在发动机舱的进风口处。环境温度传感器也只有在自动运行时起作用。空调系统自动运行时，空调电脑接收环境温度传感器传来的环境温度信息，通过处理，向鼓风机伺服电机发出信号，从而可以控制风量的大小：环境温度越高，风量越大。

（3）室内温度传感器。

室内温度传感器感应的是汽车内的空气温度，一般安装在仪表盘底部。车内空气温度达到所设定的温度时，空调电脑接收室内温度传感器传来的车内温度信息，通过处理，向压缩机电磁离合器发出信号，断开压缩机的工作状态。空调系统自动运行时，空调电脑接收室内温度传感器传来的车内温度信息，通过处理，向鼓风机伺服电机发出信号，从而可以控制风量的大小：随着车内温度的下降，风量逐渐减小。

（4）蒸发器温度传感器。

蒸发器温度传感器感应的是送风口的空气温度，控制送风的温度，避免送风温度波动过大，影响舒适性。送风口的温度一般在 10℃左右。送风温度过低时，空调电脑接收蒸发器温度传感器传来的送风口温度信息，通过处理，向混合门伺服电机发出信号，使部分冷风从散热器经过，从而可以控制送风温度：送风温度越低，混合门的开度越大。

（5）水温传感器。

水温传感器感应的是发动机冷却水的温度。空调系统自动运行时，空调电脑接收水温传感器传来的冷却水温度信息，通过处理，向鼓风机伺服电机发出信号，从而可以控制风量的大小：冷却水的温度过高时，降低风量；冷却水的温度太高，断开电磁离合器。

3. 执行装置

（1）运行方式伺服电机。

用来选择进入风道的空气是车外空气还是车内空气。要引入新鲜空气时，按下车外循环按钮，运行方式伺服电机打开循环风门，车外空气就会进到风道内。空调系统自动运行时，运行方式伺服电机会每隔一定时间切换循环风门开关，引入车外空气，增加车内空气的新鲜度。

（2）混合门伺服电机。

用来选择冷风是否经过加热器。送风口温度过低时，混合门伺服电机打开混合门，让部分冷风经过加热器，保持送风口的温度。制热时，混合门全开，空气全部经过加热器加热后送入车内。

（3）出风方式伺服电机。

出风方式伺服电机有两个：一个用来控制空气从中部送风口送出；一个用来控制空气从脚下送风口送出。

（4）鼓风机放大器。

根据空调电脑发出的控制信号，鼓风机放大器向鼓风机输出不同的电压，以控制鼓风机的转速。

4. 安全装置

空调制冷系统压力过高或过低时，压力开关闭合，通过空调电脑断开电磁离合器，使压缩机停止工作。

5. 故障代码检测装置

同时按下空调控制面板上的 AUTO 和 REAR 或 FRONT 按钮，将点火开关转至“ON”位置，空调系统自动进入故障代码检查模式。故障代码以数字形式显示在显示屏上。丰田车型汽车空调系统的故障代码见表 6－1。

表 6-1 丰田车型汽车空调系统的故障代码

故障代码	含　义
00	系统正常
11	车内温度传感器电路有故障
12	环境温度传感器有故障
13	蒸发器传感器有故障
14	水温传感器有故障
21	日照光度传感器有故障
23	系统压力异常
31	混合门伺服电机位置传感器有故障
33	出风伺服电机位置传感器有故障

注：如果车内温度约为 −18℃或更低，则即使 A/C 系统是正常的，故障码 11 仍可能出现；如果环境温度约为 −52℃或更低，则即使 A/C 系统是正常的，故障码 12 仍可能出现；如果正在检查的车辆在黑暗处，则故障码 21 可能出现。

复习题

一、选择题（选择一个正确答案，并将其字母填入题内的括号中）

1. 在正常情况下，压缩机的运转和停止是由（　　）控制的。

A. 恒温器　　B. 压力开关

C. 继电器　　D. 空调开关

2. 若汽车内冷气已够，则压缩机之工作状态是（　　）。

A. 空转　　B. 不转

C. 仍继续工作　　D. 转速减慢

3. 在异常压力情况下，压缩机的运转和停止是由（　　）控制的。

A. 恒温器　　B. 压力开关

C. 继电器　　D. 空调开关

4. 开空调时，怠速提升器的作用是（　　）。

A. 提高压缩机的转速　　B. 提高发动机的转速

C. 加快制冷速度　　D. 降低车内温度

5. 继电器的作用是（　　）。

A. 由小电流控制大电流　　B. 由大电流控制小电流

C. 起保险丝作用　　D. 起开关作用

6. 恒温器感温包感应的是（　　）。

A. 车内温度或蒸发器表面温度　　B. 车外温度

C. 蒸发器出口温度　　D. 制冷剂温度

7. 调速电阻的作用是（　　）。

A. 调节压缩机的转速　　B. 调节蒸发器鼓风机的转速

C. 调节冷凝器风机的转速

8. R134a 制冷剂空调系统高压开关的工作范围一般是在（　　）断开，在（　　）接通。

A. 2.82 ～ 3.1MPa　　B. 2.82 ～ 3.1bar

C. 1.03 ～ 1.73bar　　D. 1.03 ～ 1.73MPa

9. 当压力开关断开时，哪个部件仍然可以工作？（　　）

A. 压缩机　　B. 怠速提升器

C. 鼓风机

10. 控制蒸发器表面温度的目的是（　　）。

A. 控制车内温度　　B. 控制压缩机的转速

C. 防止蒸发器表面结霜　　D. 防“液击”现象

二、判断题（将判断结果填入括号内，正确的填“√”，错误的填“×”）

1. 温度调节按钮开得愈大愈冷。（　　）

2. 为了防止蒸发器结霜，可以利用蒸发器恒温器控制蒸发器出口的压力。（　　）

3. 当车内的温度达到所设定的温度时，恒温器把压缩机之电磁离合器分离，皮带轮空转。（　　）

4. 蒸发器鼓风机工作时压缩机一定工作。（　　）

5. 压缩机工作时冷凝器风机一定工作。（　　）

6. 压缩机工作时怠速提升器一定工作。（　　）

7. 当车内温度达到设定温度时，压缩机不工作，怠速提升器仍然工作。（　　）

8. 压缩机工作时蒸发器鼓风机不一定工作。（　　）

9. 为了避免蒸发器表面温度过低而造成表面结霜，影响制冷效果，所以设有温度控制器（恒温器）。（　　）

10. 为了使空调系统能安全自动运行，系统在高低压侧分别设置了压力控制器（压力开关）。（　　）

第 7 章 汽车空调的常规操作与检修

汽车空调能否处于完好的工作状态，主要取决于能否合理地使用汽车空调、正确地进行维修操作和准确地对汽车空调系统进行检修 3 个方面。本章首先介绍汽车空调系统的一般使用和维护知识；之后介绍汽车空调系统专用检测维修工具、制冷剂的充放以及冷冻润滑油的加注等常规操作；最后讲解汽车空调系统几个主要部件的检修方法。通过学习，学生能够了解如何更好地使用汽车空调，最大限度地发挥其性能、延长其使用寿命。

7.1 汽车空调的使用与维护

7.1.1 汽车空调的正确使用

对于非独立式汽车空调（即压缩机由发动机驱动的空调系统）来说，其操作是比较方便的，但若非正确使用，其系统的性能及使用寿命、发动机的稳定性、发动机能耗、空调的舒适性都会受到很大的影响。所以在使用汽车空调的过程中要注意以下几点：

（1）起动发动机时，空调开关要处于关闭位置；

（2）夏日应避免直接在阳光下停车暴晒，尽可能把车停在荫凉处；

（3）夏日长时间停车后，车厢内温度很高，在这种情况下，应先开鼓风机（不开空调），将车内的热气赶出车厢，再关门开空调；

（4）开空调后，车厢门窗应关闭，以降低热负荷；

（5）调节出风口，使风朝人体的上部或脸部吹，避免冷风直接吹向头、背部或膝盖部位，若风量太大，则风不宜直接吹向人体；

（6）长距离上坡行驶时，应暂时关闭压缩机，避免水箱开锅；

（7）空调使用时，出风口吹出的冷风成雾状是因为空气温度较高被冷却而成的现象，此时应将空气内、外循环开关置于内气循环位置；

（8）热力膨胀阀的过热度一般在出厂时已调节好，不要随便调整；

（9）应将发动机怠速调到规定值，以免开空调时发动机熄火或不稳定；

（10）冷凝器表面有污物会影响制冷效果和增加发动机的能耗，故以水冲洗干净，但冷凝器附近有散热风扇电机，应避免水渍进入电机内；

（11）冬季不使用空调时，应定期开动压缩机，避免压缩机轴封因油风干而泄漏，也避免内部机件因油风干而咬死；

（12）在空调运行时，若听到空调有异响或发生其他异常情况，应立即关闭空调进行维修。

7.1.2 汽车空调的维护与保养

空调系统的使用寿命首先取决于正确的维护。空调系统的维护项目没有固定的标准，根据空调系统的各零件的不同作用及各自的结构特点，建议按照表 7－1 所列的项目进行检查和维护，仅供参考。

表 7－1　汽车空调的维护项目

类别	项　目	内　容	周　期
压缩机	冷冻机油	检查压缩机油面，更换机油	两季一次
	轴封	是否有油迹	每季一次
	外部	固定支架螺钉是否松动	每季一次
	运转	压缩机在非使用季节应定期运转几分钟，检查有无异响	每周一次
制冷循环系统	管路各接头	检查管路各接头有无松动、渗漏或油污痕迹，各软管有无老化、裂纹、磨损、挤压等现象	每季一次
	制冷剂量	通过视液窗检查制冷剂量是否正常	每季一次
	冷凝器	检查冷凝器散热片是否完好，通道是否堵塞，并用压缩空气或高压水清洗污物	每周一次
	蒸发器	清除蒸发器进、出口的污垢，检查排水系统是否畅通	每季一次
	储液干燥器	检查易熔塞	三季一次
	膨胀阀	检查外表是否有结霜，感觉进、出口温差	每季一次
电气系统	压力开关	检查高、低压端压力值是否正常	每季一次
	恒温器	在温度范围内作用是否正常	每季一次
	怠速提升器	检查调节是否正常	两季一次

续前表

类别	项　目	内　容	周　期
电气系统	鼓风机	检查叶片是否有损伤，运转是否平稳无异响	每季一次
	冷凝风扇	检查叶片转动是否平稳，有无摩擦现象	每季一次
	开关	各开关是否灵活，插头是否有松动、脱落现象	三季一次
传动机构	电磁离合器	检查电磁离合器能否迅速离、合，是否打滑	每季一次
	传动皮带	皮带有无老化、磨损、断裂，松紧度是否合适	每周一次
	惰轮	检查松紧度是否合适	每季一次
其他	紧固件	检查各紧固件是否牢靠，螺母是否松动	每季一次
	空气过滤器	检查有无堵塞，应及时清理	每周一次

7.2　汽车空调维修专用工具

汽车空调维修专用工具是指专门在汽车空调维修过程中使用的工具。主要有下面几种。

7.2.1　充注阀

为了能准确地按规定数量向制冷系统内充注制冷剂，目前的维修行业都采用标有重量的小型金属罐装的制冷剂。这些罐装的制冷剂是全封闭的，所以使用时必须有一只充注阀与其配套才能开罐使用。充注阀的结构如图 7-1 所示，它主要由手柄、接头、板状螺母和阀针组成。

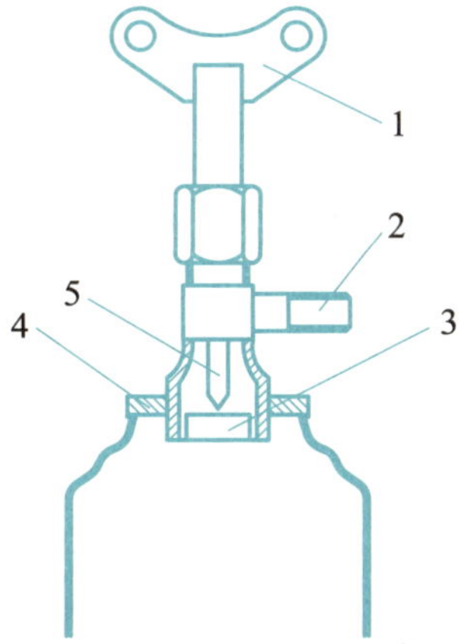

图 7-1　充注阀的结构图

1—手柄　2—接头　3—制冷剂罐口　4—板状螺母　5—阀针

使用方法如下：

（1）在将制冷剂罐安装充注阀前，应朝逆时针方向旋转手柄，直到阀针完全缩回为止。

（2）把注入阀装到制冷剂罐的顶部，然后顺时针方向转动板状螺母，使它与罐顶上的螺纹连接。于是，充注阀便固定在罐的顶部。

（3）把歧管压力表上的中间软管和充注阀的接头连接起来，并且使其紧固。

（4）朝顺时针方向旋转手柄，使针在小罐上开一个小孔。

（5）如果此时需要加注制冷剂，应朝逆时针方向旋转手柄，使阀针抬起，将歧管压力表上中间软管的空气排出后，打开歧管压力表的相应手动阀，让制冷剂注入系统。

（6）如果要停止充注制冷剂，应朝顺时针方向旋转手柄，使阀针落到刚开口的小孔里，封闭小孔，且同时关闭歧管压力表上的相应手动阀。

7.2.2 气门阀

在非独立式空调系统中，为充注方便，充注口一般安装有气门阀，也称施拉德阀。用于 R134a 制冷剂空调系统的气门阀如图 7-2 所示，它的外形和工作原理与轮胎的气门芯阀的类似。正常位置时，靠系统压力和弹簧压力使阀芯关闭。外接压力软管时，软管接头上的顶销将阀芯顶开，此时可以利用歧管压力表对系统进行检测、抽真空或加注制冷剂等工作。

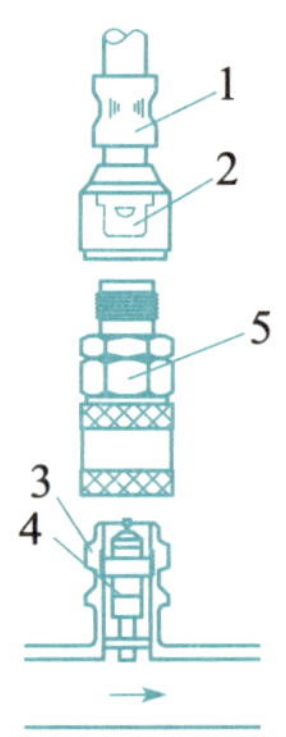

图 7－2　气门阀的结构图

1—软管　2—顶阀杆　3—气门阀芯 4—接头　5—快速接头

使用气门阀时要注意以下两点：

（1）安装时：歧管压力表中间软管首先与表座连接好，并关闭高、低压手动阀，然后另一端才能与气门阀连接；

（2）拆卸时则相反，首先断开与气门阀的连接，然后从歧管压力表表座上拆卸另一端。

7.2.3 歧管压力表

歧管压力表是汽车空调系统维修中必不可少的设备，无论是系统抽真空、加注制冷剂、添加冷冻机油，还是系统故障判断，都离不开歧管压力表。

1. 歧管压力表的组成和作用

歧管压力表由高压表、托架、低压表、低压手动阀、视液镜、低压软管、充注软管、高压软管、高压手动阀等组成，如图 7 - 3 所示。

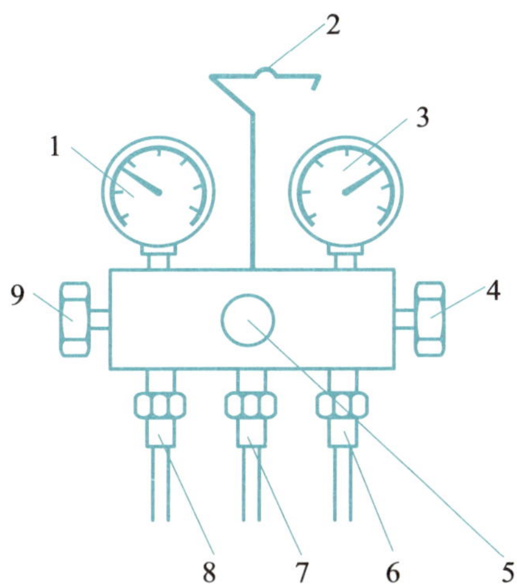

图 7 - 3 歧管压力表的组成

1—高压表 2—托架 3—低压表 4—低压手动阀 5—视液镜 6—低压软管 7—充注软管 8—高压软管 9—高压手动阀

红色表座为高压表，显示高压侧压力；蓝色表座为低压表，显示低压侧压力。

红色管为高压软管，连接高压侧充注口；蓝色管为低压软管，连接低压侧充注口。黄色管为中间软管，可连接真空泵、制冷剂罐或冷冻机油罐。

左侧蓝色开关为低压手动阀（LO），控制低压软管与中间软管的连通，旋进时为关闭，旋出时打开；右侧红色开关为高压手动阀（HI），控制高压软管与中间软管的连通，旋进时关闭，旋出时打开。

低压表既用于显示压力，也用于显示真空度。

有些压力表带有排气阀，充注制冷剂时可排走中间软管内的空气。

2. 歧管压力表的工作过程

歧管压力表的工作过程如图 7－4 所示。

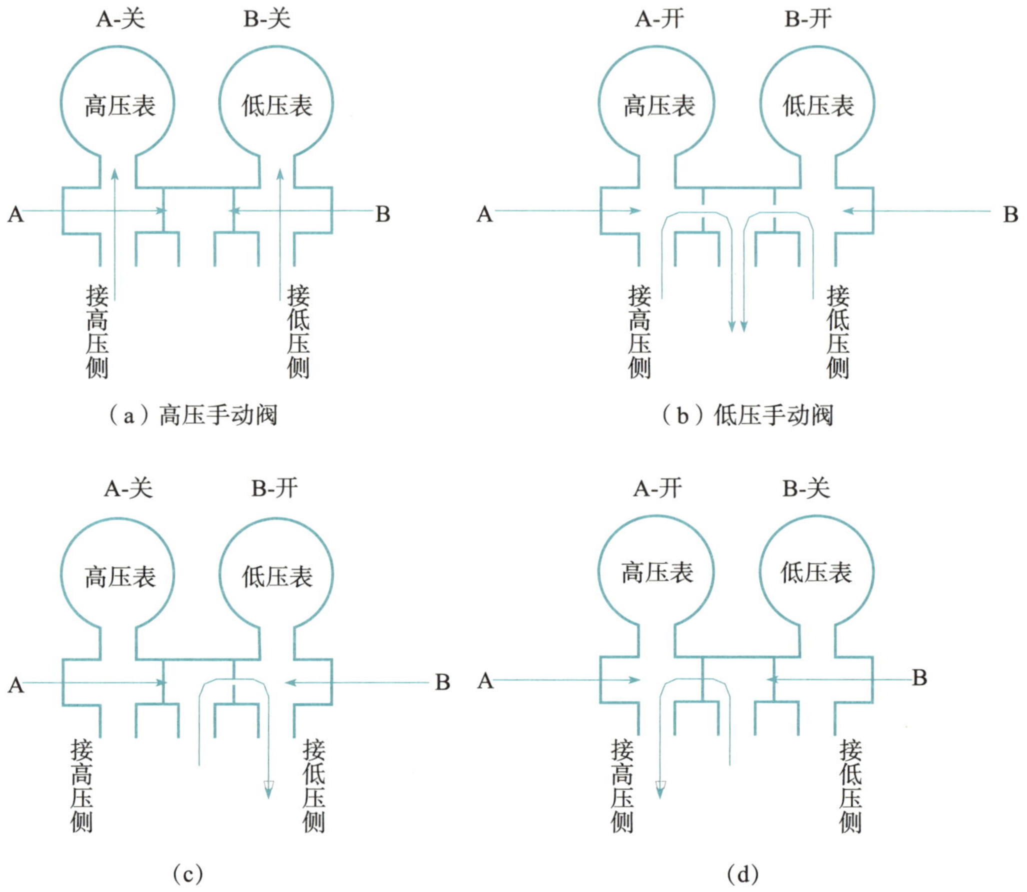

图 7－4　歧管压力表的工作过程

图 7－4（a）中，高压手动阀（A）和低压手动阀（B）同时关闭，可对高、低压侧压力进行检测。

图 7－4（b）中，高压手动阀（A）和低压手动阀（B）同时打开，全部管道连通，此时接上真空泵则可对系统进行抽真空。

图 7－4（c）中，高压手动阀（A）关闭，低压手动阀（B）打开，则可由低压侧充注冷冻机油或气态制冷剂。

图 7－4（d）中，高压手动阀（A）打开，低压手动阀（B）关闭，则可由高压侧充注液态制冷剂。

在充注制冷剂前要先排空，排空过程：抽真空完毕后，高压手动阀（A）和低压手动阀（B）同时关闭，中间软管连接好制冷剂罐后，拧松中间软管与表座的连接螺母，空气在制冷剂的挤压下排出管外。

注意：在连接歧管压力表时，R134a 制冷剂空调系统的充注接头要先安装一个快速接头。现在的歧管压力表一般都配有快速接头。

3. 歧管压力表的使用注意事项

（1）软管不要接反，软管与表座连接的接头没有顶销，另一端接头有顶销；

（2）压力接头与软管连接时，只能用手拧紧，不可使用工具；

（3）不使用时，应用堵头将各接口密封，防止管内进入水分或杂物；

（4）歧管压力表属精密仪表，平时应注意保持清洁，使用时应注意轻放轻拿。

7.2.4　真空泵

在安装、检修空调制冷系统或更换制冷系统零部件时，一定有空气进入系统内影响制冷剂在蒸发器的吸热效率和制冷剂在冷凝器的放热效率，影响制冷效果。空气中含有水分，将会在节流装置内结冰，影响制冷系统正常工作。因此安装、检修空调制冷系统后，必须把系统中抽成一定的真空才能充注制冷剂，真空泵的作用就是排除制冷系统内的空气、水分。抽真空并不能把水抽出来，而是产生真空后降低了水的沸腾点，使水分在较低的温度下沸腾，以水蒸气的形式从系统中抽走。

1. 真空泵的结构及工作原理

真空泵的结构如图 7－5 所示，主要是由转子、定子、叶片、弹簧、润滑油、排气阀及壳体等组成。

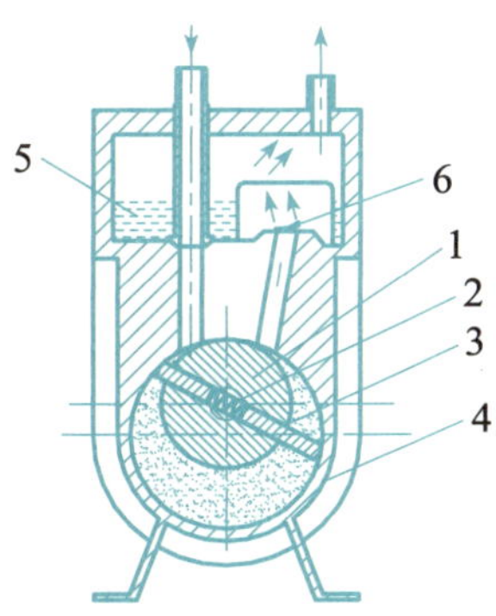

图 7－5　真空泵剖视图

1—转子　2—弹簧　3—叶片　4—定子　5—润滑油　6—排气阀

工作时转子在电机的带动下旋转，由于在离心力和弹簧的作用下，叶片紧贴在定子的缸壁上，并将其分隔成吸气腔和压缩腔。转子旋转时进气腔容积逐渐扩大，腔中压力下降，从而吸入气体；压缩腔容积逐渐减少，压力升高，气体从排气阀排入大气中。这样不断循环，使系统内的空气抽出，从而达到抽真空的目的。

2. 使用注意事项

（1）检查真空泵润滑油是否达到规定高度，否则应加润滑油；

（2）检查排气阀是否畅通。

7.2.5 检漏设备

由于汽车行驶时经常处于振动状态，系统管路接头容易松动，所以泄漏是汽车空调系统最常见的故障之一。因而每当对系统故障进行判断时或检修汽车制冷系统管道、更换零件之后都需要进行制冷剂的检漏。目前检查制冷剂是否泄漏的方法一般有目视检测法、皂泡法、电子检漏仪检漏法和染色剂检漏法。每一种方法使用的工具、材料及方法如下。

1. 目视检测法

当发生制冷剂泄漏时，通常是冷冻油与制冷剂一起泄漏。泄漏处通常发生在油和污垢包围的软管接头和部件上。

2. 皂泡法

皂泡法是在怀疑泄漏区域，涂上肥皂水或洗洁精的水溶液，如有泄漏点，该处必然起皂泡，如图 7-6 所示。此法简单易行，是目前维修行业经常使用的一种方法。但现在汽车各种零件布置得越来越紧凑，有些部位及检修死角用此法不易能检查出来。

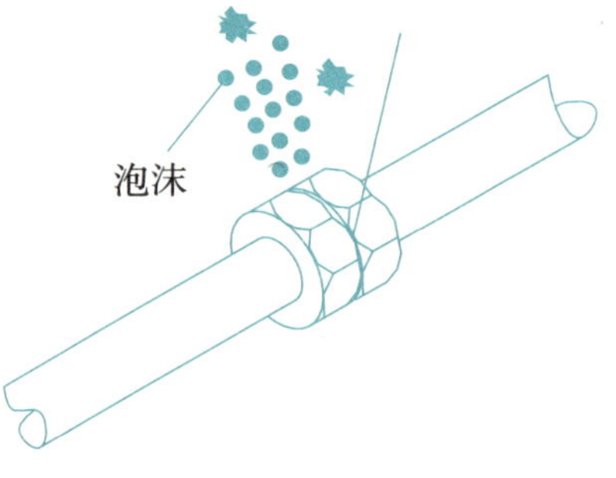

图 7-6　皂泡法

3. 电子检漏仪检漏法

电子检漏仪可以对任何部位进行检查，如有泄漏，电子检漏仪则会发出声响。

电子检漏仪的工作过程：

（1）将电子检漏仪接在电源上，预热 10 分钟左右；

（2）将开关拨至校核挡，确认指示灯和警铃工作正常，若仪器的灵敏度可调，则调至所要求的灵敏度范围；

（3）开关拨至检测挡，将探头放至被检测位置，如图 7－7 所示；

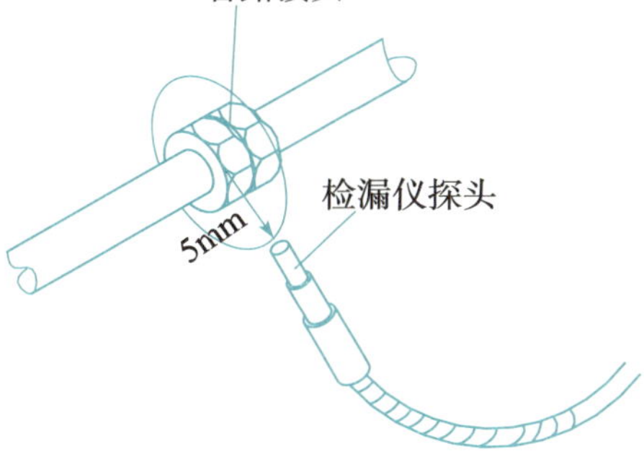

图 7－7　探头位置

（4）一旦查出泄漏部位，探头应立即离开此部位，以免缩短仪器寿命及影响灵敏度。

4. 染色剂检漏法

具体操作过程：

（1）用染色剂注入器向空调系统内注入 7.4 毫升（0.25 盎司）Fluoro-Light/P 的萤光显像染色剂。

（2）开动发动机，打开空调开关，使压缩机工作。

（3）利用 120 瓦 UV 紫外线聚光灯检查泄漏的部位，包括空调系统中的所有组件、接头以及管路。如果泄漏，染料就会发出亮光。

（4）在发现泄漏并予以修理后，利用一般用途的机油溶剂将染色剂的痕迹清除。

（5）再通过操作系统数分钟及利用 UV 紫外线灯光再次检查来确认泄漏已经修复。

7.2.6　自动充注机

为了提高维修效率和质量，规范和简化操作程序，一些维修厂配有多功能自动充注机，可自动对系统进行抽真空、加冷冻机油、加制冷剂、回收制冷剂等。这里不再详述，详细操作程序请参考有关说明书。

7.3 常规维修操作

当汽车制冷系统各部件完成安装后，或是当有故障的制冷系统修理之后，如何对系统管路进行检漏，如何把系统内的空气和水分排除，如何充注冷冻机油和制冷剂，这些都是安装和检修中必定会碰到的情况，也是汽车空调维修的基本操作技能。

7.3.1 压力检漏

在制冷系统维修完成后，管路接头有可能连接不好，充注制冷剂后有可能出现渗漏现象，为避免浪费制冷剂，充注前应先进行管路接头的气密性检查。一般汽车空调制冷系统检漏的方法有 3 种：加压检漏、充氟检漏、真空检漏。这 3 种方法都通过压力表的读数来进行判断。

1. 加压检漏

如图 7－8 所示，把压力表高、低压软管接头分别连接在制冷系统高、低压充注口上，利用中间软管向空调系统内充入 1.5MPa 左右的氮气或干燥的空气。24 小时后如压力没有明显的下降，说明系统无泄漏；如压力有下降，则用皂泡法进行检漏，发现泄漏部位后进行维修。处理完后再进行加压检漏，直到系统没有泄漏为止。

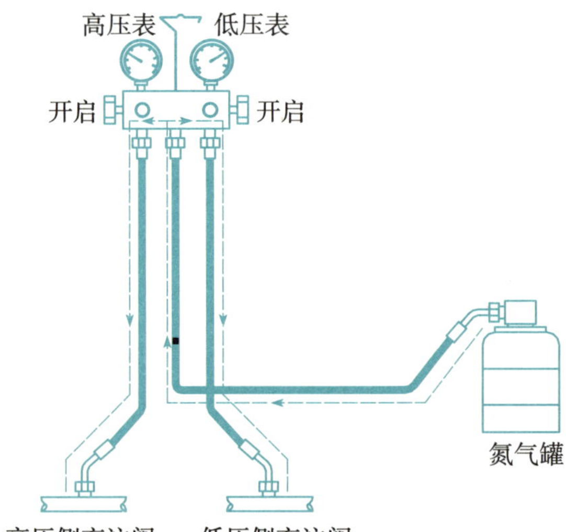

图 7－8 加压检漏

这种方法比较可靠，不浪费制冷剂，但花费时间太长，适合于大型客车。小轿车大多采用充氟检漏的方法。

2. 充氟检漏

充氟检漏是向空调系统内充注制冷剂，使系统内压力达到 0.35MPa 左右，然后用皂泡法、电子检漏仪检漏法和染色剂检漏法等方法进行检漏。

3. 真空检漏

在抽真空时，如果系统内达不到真空度，则说明系统内有渗漏部位，应该进一步检查。

一般来说，检漏时应重点检查以下部分：

（1）刚拆装或维修过的制冷部件的连接部位。

（2）系统的各个连接接头。

7.3.2　抽真空

当制冷系统维修完成后，由于空气进入系统内，必须用真空泵抽走空气。当系统内处于真空时，如果系统内有水分，水会被蒸发成水蒸气，与空气一起被抽走。如图 7－9 所示，抽真空的具体步骤如下。

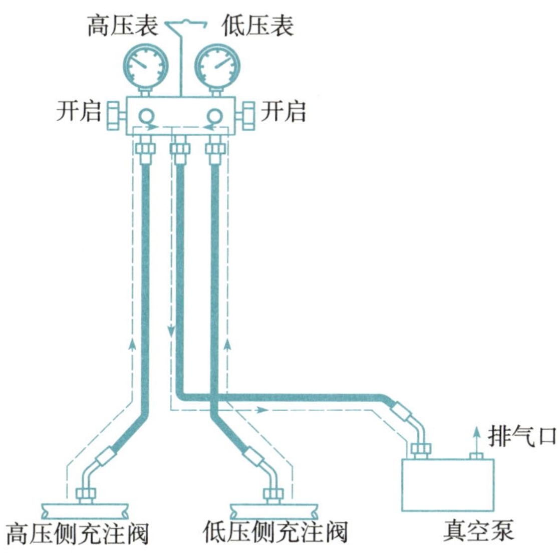

图 7－9　抽真空

（1）把压力表高、低压软管接头分别连接在制冷系统高、低压侧充注口上，把中间软管接头连接到真空泵进气口上。

（2）打开压力表上的高、低压手动阀，启动真空泵。

（3）工作 10 分钟后先关闭高、低压手动阀，再关闭真空泵（否则外界空气有可能进入系统内！），并观察压力表。这时高压表针应略低于零的刻度，低压表针应指向 −0.8BAR 的刻度左右。如果压力表针有上升，表明管路有渗漏，应停止工作进行检漏，清理好故障后再抽真空；如果压力表针没有上升，先开启真空泵，再打开高、低压手动阀，继续抽真空。

（4）继续工作 10 分钟后，先关闭高、低压手动阀，再关闭真空泵。

（5）从真空泵上拆除中间软管接头。

7.3.3 加冷冻机油

在制冷系统更换部件或制冷剂泄漏后，旧部件或制冷剂都会带走一部分冷冻机油，所以必须给系统内补充适量的冷冻机油。加注量通常在汽车维修手册上可以查到。各部件加注量参考值如下：

蒸发器：40ml；

储液干燥器：25ml；

冷凝器：30ml；

软管：50ml；

管路：20ml。

加注冷冻机油有 3 种方法：

（1）往压缩机的加油孔直接加入；

（2）往已更换的部件直接加入；

（3）当系统连接后从低压充注口加入，如图 7－10 所示。具体步骤如下：

1）按抽真空的步骤抽真空。

2）在量杯内加入适量的冷冻机油。

3）把中间软管接头插到装有冷冻机油的量杯里，稍微打开低压手动阀，让冷冻机油从低压侧靠压差被吸入系统内（在低压侧冷冻机油容易快速流回压缩机！）。当冷冻机油加完后，迅速关闭低压手动阀。

4）把中间软管接头再连接到真空泵上，开启真空泵，打开高、低压手动阀，再继续抽真空（在加冷冻机油时进了少量空气！）。

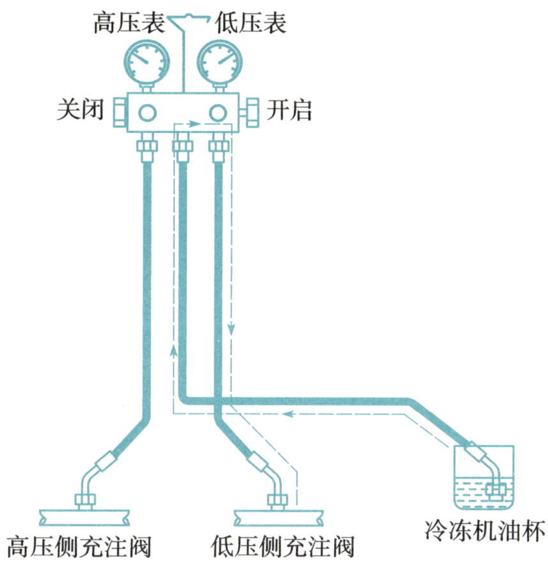

图 7－10　加冷冻机油的方法

5）抽真空 5 分钟后，先关闭高、低压手动阀，再关闭真空泵，从真空泵上拆下中间软管接头，紧接着就可以充注制冷剂了。

7.3.4　充注制冷剂

制冷系统在抽完真空并确认没有泄漏后，才可以向系统充注制冷剂。充注前应先确定所充注制冷剂的类型和数量。充注的方法有两种：一是液态充注法，充注制冷剂时从高压侧充注，充入的是液态制冷剂；二是气态充注法，充注制冷剂时从低压侧充注，充入的是气态制冷剂。具体步骤如下。

1. 液态充注法（见图 7－11）

（1）按抽真空的步骤抽真空。

（2）把充注阀固定在制冷剂罐上，将中间软管接头连接到充注阀接头上，利用充注阀手柄打开制冷剂罐，使制冷剂流入中间软管内。

（3）把歧管压力表上的中间软管螺母拧开，让气体溢出一会儿，把中间软管内的空气赶走，然后再拧紧螺母。

（4）让制冷剂罐倒立，打开高压手动阀，摇动制冷剂罐，让液态制冷剂进入高压管路（此时不能让压缩机工作，否则系统压力过高会导致制冷剂不能进行充注；低压手动阀也不能打开，避免液态制冷剂从低压侧进入压缩机产生“液击”现象！）。

（5）当充注完规定量的制冷剂后关闭高压手动阀。当高压表针不再上升而充入的制冷剂还没有足够时，关闭高压手动阀，在低压侧进行充注。

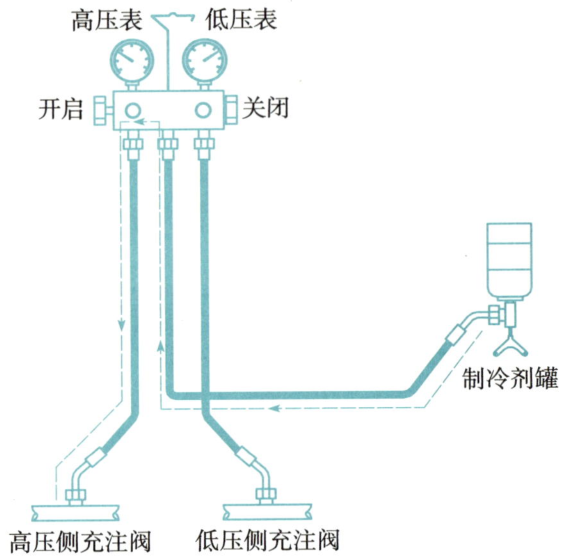

图 7－11　液态充注法

2. 气态充注法（见图 7－12）

（1）启动发动机，打开空调开关，把鼓风机开关和温度调节开关开到最大。

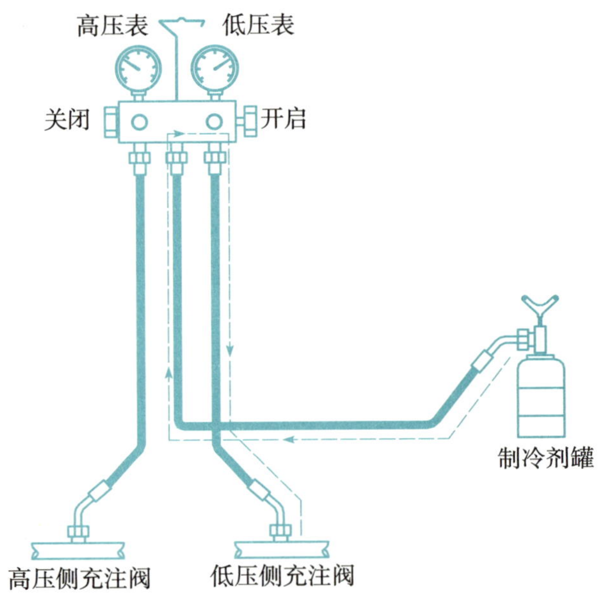

图 7－12　气态充注法

（2）把制冷剂罐正立，打开低压手动阀，让气态制冷剂从低压侧充入系统内（此时不能打开高压手动阀！），否则系统制冷剂会回流到制冷剂罐里，罐内由于压力过高会产生爆炸！）。

（3）当充入规定量的制冷剂后，关闭低压手动阀，让压缩机继续工作，对制冷系统管路再次进行检漏。如没有泄漏，应进行系统性能测试。

（4）当一切正常后停止压缩机工作，把歧管压力表拆除。

另外，当对系统补充制冷剂时，一般用气态充注法。

7.3.5 放空

放空就是排放系统内的制冷剂。维修或更换零部件之前，必须要对管路进行放空。

放空有两种方法：一是把制冷剂直接排放到大气中，这种方法简单易行，是目前大多数维修厂家采用的方法，但对空气会造成污染；二是回收制冷剂，此法较好，对空气不会造成污染，但需要有回收装置。

排放制冷剂时要缓慢，以免带出过多冷冻机油。

7.3.6 操作注意事项

制冷系统的维修在一般情况下是安全的，但如果操作不当，也会出现事故，所以在安装和检修汽车空调系统时应注意以下问题。

1. 防止冻伤

制冷剂在标准大气压条件下的沸点都是在 −30℃～ 20℃，若让制冷剂接触到皮肤或眼睛，则很容易被冻伤。操作时双手须戴手套，有防护眼镜最好戴上。如果不小心让制冷剂接触到皮肤或眼睛，应立即用大量的清水冲洗，涂上凡士林，然后速请医生治疗。

2. 防止爆炸

制冷剂在大气里是不会爆炸的，但在容器中，在一定的压力条件下，过热也会发生爆炸。因此制冷剂罐要安放在阴凉处，远离热源。也不能让制冷剂罐发生激烈的碰撞。在充注制冷剂时，压缩机在工作状态下不要打开高压手动阀，否则高压制冷剂就会充入制冷剂罐，容易发生爆炸。

3. 防止产生有毒气体

制冷剂在正常情况下是无毒的，但在燃烧后会产生对人体有害的气体，所以不能在有火焰的密封室内使用制冷剂。

4. 防止吸入过量的制冷剂

当制冷剂在空气中的含量超过 80% 时会引起人窒息，所以在汽车空调维修室内要保持通风，尽量避免吸入制冷剂气体。

5. 防止冷冻机油流失

排放制冷剂时要缓慢进行，以免带走过多的冷冻机油。

7.4 汽车空调的检修

汽车空调检修的目的就是对汽车空调的部件进行检查，用修理或更换零部件的方法，恢复零部件的工作性能，保证空调的正常运行和使用寿命。

7.4.1 压缩机的拆卸、检修与安装

1. 压缩机的拆卸

（1）压缩机的拆卸。

1）拆下压缩机电磁离合器的连接导线；

2）排除或回收制冷系统内的制冷剂；

3）拆下压缩机进、排气管；

4）松开压缩机固定螺栓，取下皮带；

5）拆下压缩机固定螺栓，取下压缩机，放在指定地方。

（2）电磁离合器的拆卸。

1）用套筒扳手拆下主轴上的六角螺母，如图 7－13 所示。

2）用起拔具把 3 个螺栓拧进电磁离合器驱动板的 3 个孔中，并用中间螺栓固定好。用套筒扳手顺时针拧中间的螺栓，直到把电磁离合器从动盘拔起，如图 7－14 所示。

3）用尖嘴钳取出调整垫片，并用卡簧钳把卡环取出，如图 7－15 所示。

4）把爪具固定在皮带轮上，用套筒扳手顺时针拧螺栓，直到把皮带轮从压缩机的主轴上脱开，如图 7－16 所示。

5）从皮带轮上卸下电磁线圈，如图 7－17 所示。

（3）压缩机内部零部件的拆卸。

1）拧下油塞，把冷冻机油倒在油杯里，然后把油塞紧固，如图 7－18 所示。

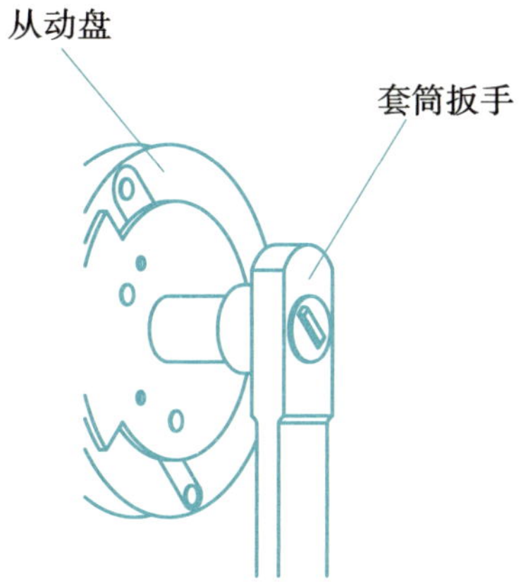

图 7 - 13　拆卸主轴螺母

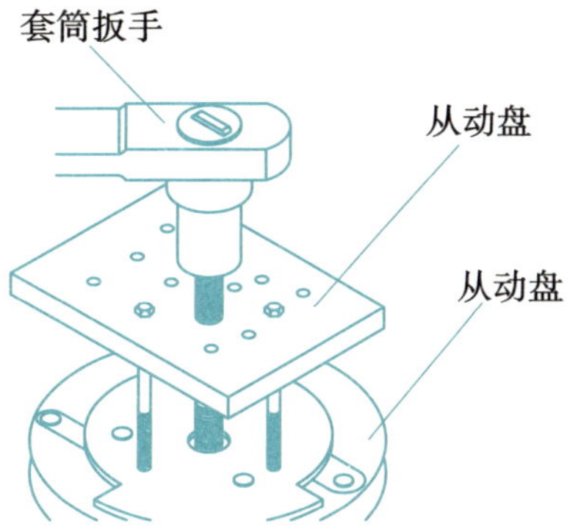

图 7 - 14　拆卸离合器从动盘

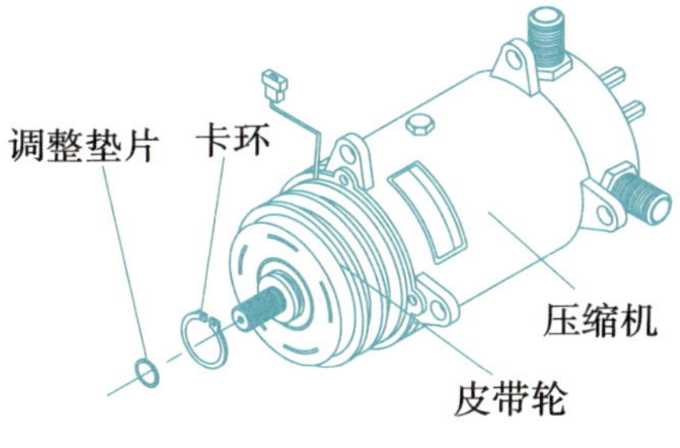

图 7 - 15　拆卸卡环

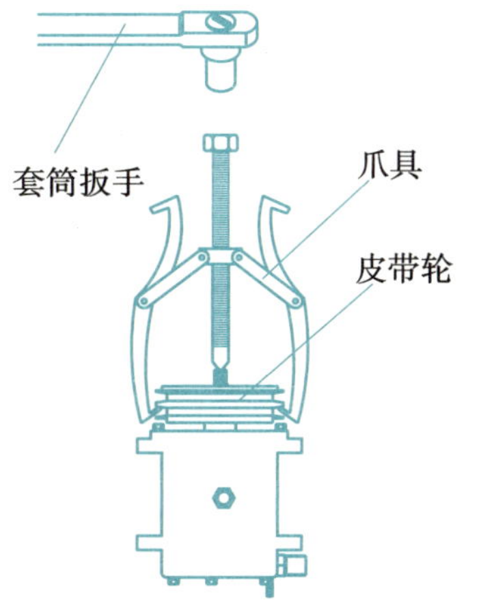

图 7 - 16　拆卸压缩机皮带轮

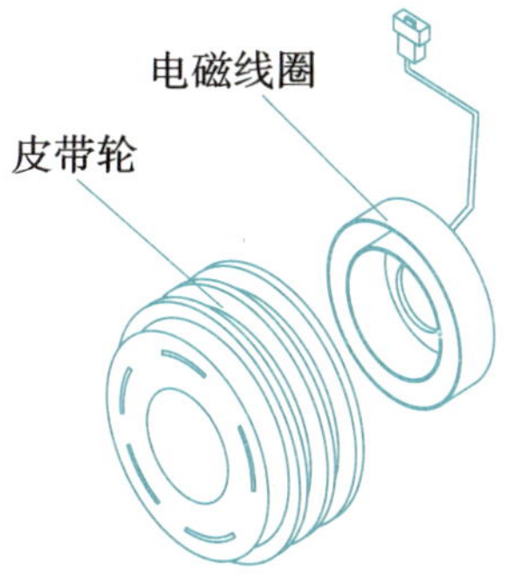

图 7 - 17　拆卸离合器电磁线圈

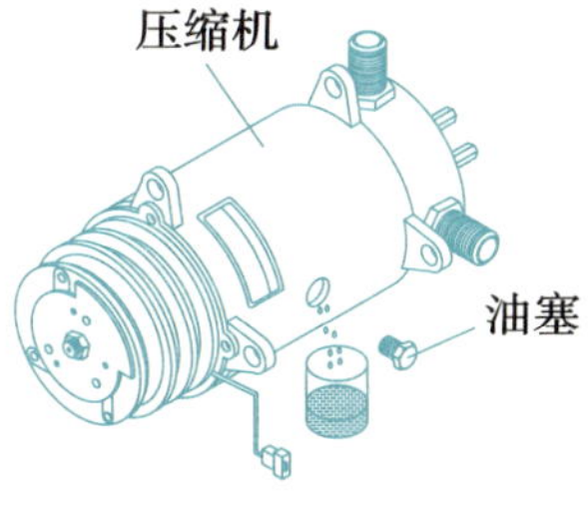

图 7 - 18　放油

2）拆下后缸盖上所有螺栓，用木锤轻轻敲击后缸盖凸缘，使其与气缸分开，取下后缸盖和O形密封圈，如图7-19所示。

3）取下摇板、垫片和止推轴承，如图7-20所示。

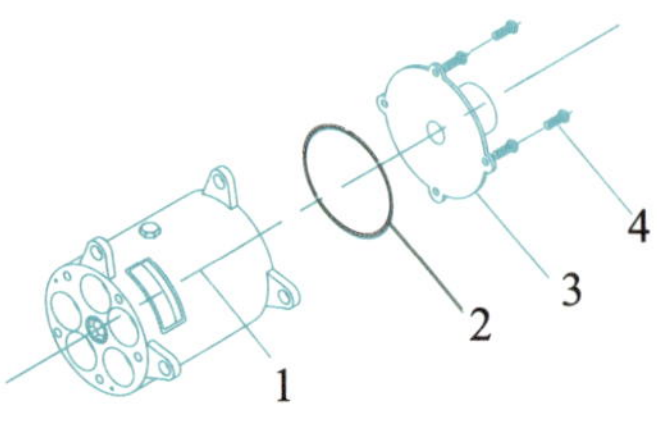

图7-19　拆卸后缸盖

1—气缸　2—O形密封圈　3—后缸盖　4—螺栓

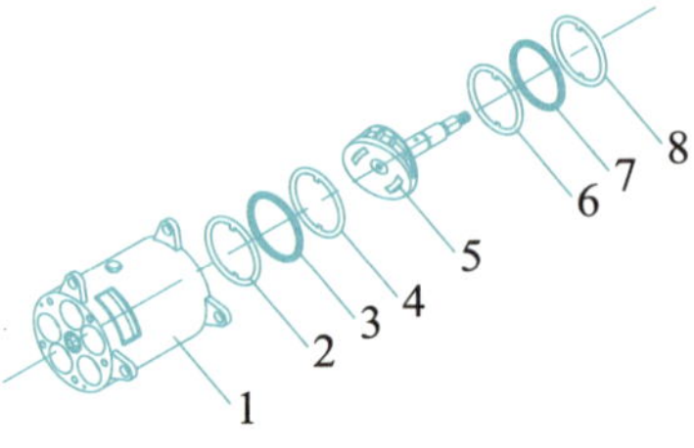

图7-20　拆卸摇板

1—气缸　2、4、6、8—垫片　3、7—止推轴承　5—摇板

4）拆下前缸盖上的所有螺栓，用木锤轻轻敲击前缸盖凸缘，使其与从气缸分开，取下前缸盖、密封垫片和阀片组件，如图7-21所示。

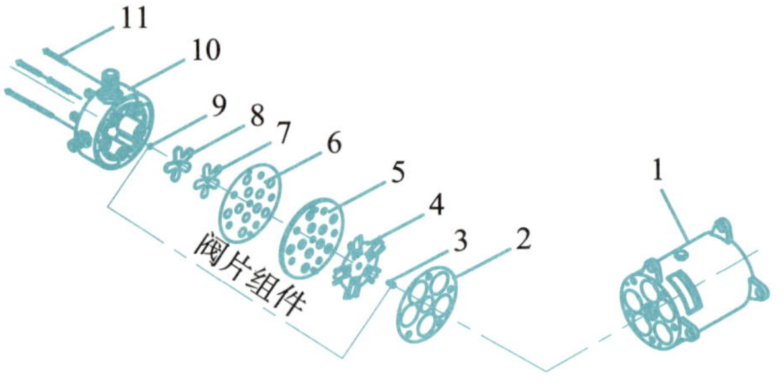

图7-21　拆卸前缸盖

1—气缸　2、6—密封垫　3—螺栓　4—进气阀片　5—阀板　7—排气阀片
8—限位板　9—螺母　10—前缸盖　11—螺栓

5）拆下阀片组件的固定螺栓，把进、排气阀片和限位板分开。

6）取下斜盘、活塞组件、定齿轮和弹簧，如图7-22所示。

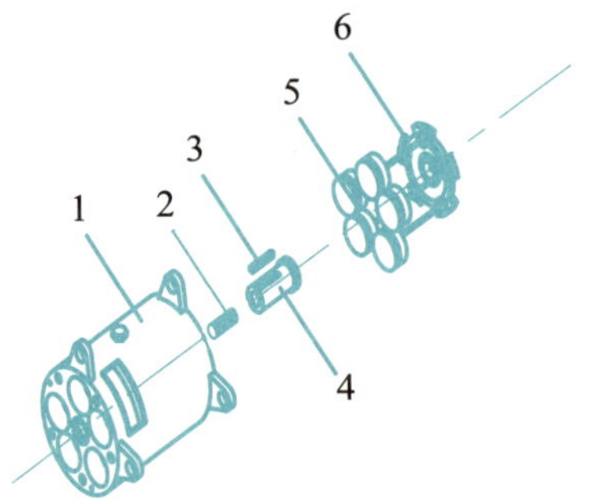

图7-22　拆卸斜盘

1—气缸　2—弹簧　3—定位销　4—定齿轮　5—活塞组件　6—斜盘

2. 压缩机的检修

（1）检查皮带的张紧度。

如图 7－23 所示，用手以 10N/m^2 的力往下压皮带，皮带能压下 10mm 左右为合适，否则应通过皮带调节轮进行调整：

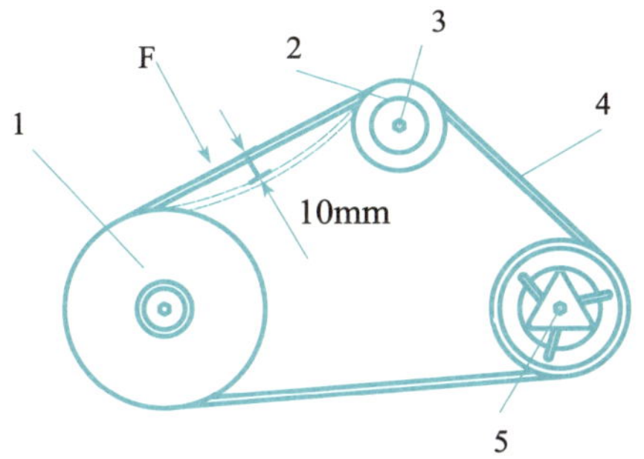

图 7－23　皮带张紧度的检修

1—发动机曲轴皮带轮　2—皮带调节轮　3—皮带调节轮固定螺栓　4—皮带　5—电磁离合器皮带轮

1）松开皮带调节轮固定螺栓；

2）如果皮带松了，往上移动皮带调节轮；如果皮带紧了，往下移动皮带调节轮；

3）紧固皮带调节轮固定螺栓。

如果皮带太松，不能调整，可更换新的皮带。

（2）检查压缩机轴封和气缸密封垫。

检查压缩机轴封和气缸密封垫处是否有油污，如果轴封或气缸密封垫处有油污，应更换轴封或气缸密封垫。

（3）检查电磁离合器线圈。

用万用表检查电磁离合器线圈有无短路或断路现象，若发生短路或断路现象，则需更换线圈。或如图 7－24 所示，将导线将蓄电池电源“+”接到电磁离合器线圈的线接头上，电源“－”搭在压缩机机体上。如发出“咔嗒”声，证明电磁离合器电磁线圈工作正常；若没有发出“咔嗒”声，证明皮带盘及摩擦盘没有接触，电磁离合器线圈工作不正常。

（4）检查电磁离合器间隙。

从塞规中取出厚度为 0.3mm 的塞尺，塞到摩擦板与皮带轮之间（如图 7－25 所示）。如果塞尺塞不进去，说明电磁离合器间隙小；同样，取出厚度为 0.6mm 的塞尺塞到摩擦板与皮带轮之间，如果塞尺塞进去时太松，说明电磁离合器间隙大。

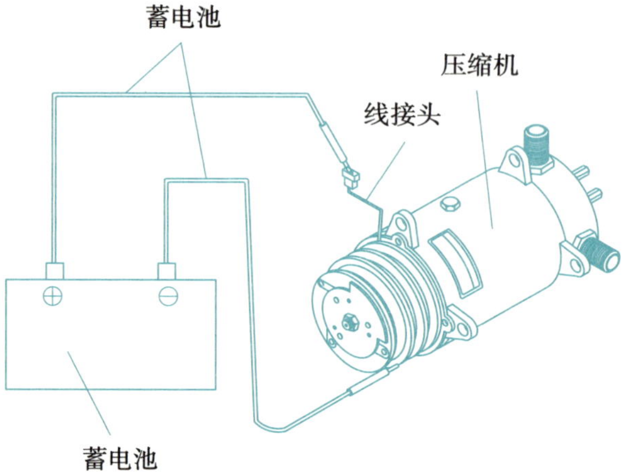

图 7－24　电磁离合器的检修

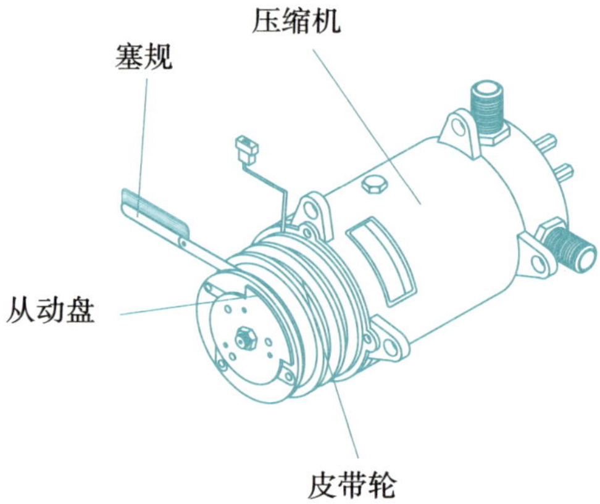

图 7－25　电磁离合器间隙的测试

如果电磁离合器间隙不符合要求，则可以通过更换调整垫片进行调整：电磁离合器间隙小，更换厚度大的垫片；电磁离合器间隙大，更换厚度小的垫片。

（5）检查电磁离合器回位弹簧。

检查电磁离合器分离是否彻底，如果电磁离合器分离不彻底，说明回位弹簧弹力不够，应更换电磁离合器从动盘。

（6）检查电磁离合器部件。

1）检查从动盘和皮带轮之间的摩擦表面有无刮痕或变形，如有应进行更换；

2）如果摩擦表面有油污或脏物，应用清洁剂擦洗干净；

3）检查皮带轮上的轴承有无松动或损坏，损坏的轴承必须更换。

（7）检查压缩机内部部件。

1）检查活塞和气缸，若活塞或气缸有刮痕，则应更换压缩机；

2）检查止推轴承，若止推轴承损坏则应更换；

3）检查进、排气阀片，若进、排气阀片损坏则应更换；

4）检查 O 形密封圈，若 O 形密封圈损坏则应更换。

3. 压缩机的安装

压缩机安装的顺序正好与拆卸的顺序相反，但安装时，要注意以下几个方面：

（1）拆下塞布；

（2）更换 O 形密封圈；

（3）进行抽真空并充注制冷剂，然后检查是否有泄漏的地方；

（4）调整好压缩机皮带的张紧度。

7.4.2　冷凝器的拆卸、检修与安装

1. 冷凝器的拆卸

（1）拆下冷凝器电机的连接导线；

（2）排除或回收制冷系统内的制冷剂；

（3）拆下冷凝器进、出口管；

（4）拆下冷凝器固定螺栓，取下冷凝器，放在指定地方。

2. 冷凝器的检修

（1）检查冷凝器散热片是否有污泥或被脏物堵塞，若是，则用水清洗或用压缩空气吹。如图 7－26 所示。

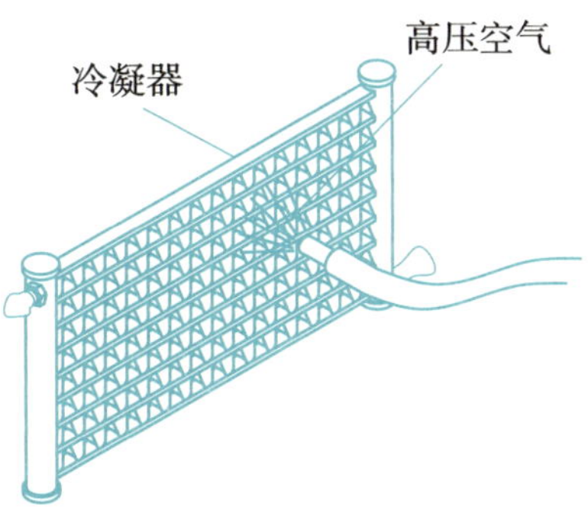

图 7－26　冷凝器的清洗

（2）检查冷凝器散热片是否弯曲，若是，则用起子或手钳加以矫正，如图 7－27 所示。

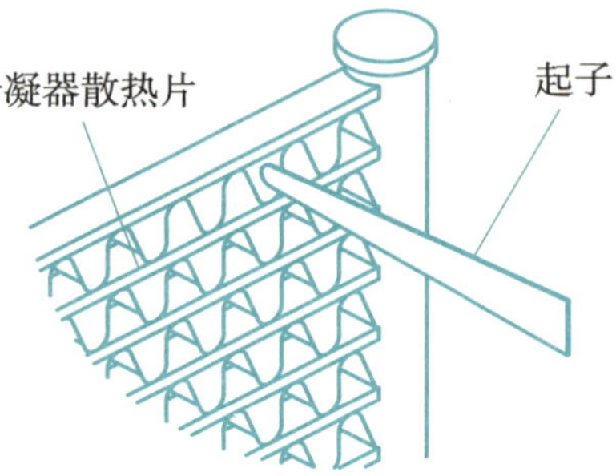

图 7－27　散热片的矫正

（3）检查冷凝器电子扇是否有问题，如电机线圈烧坏了应更换电机，风扇叶损坏了应更换风扇。

（4）检查冷凝器扁管，若扁管有损坏应更换冷凝器。

在更换新冷凝器时要检查冷凝器的密封性能。一般新的冷凝器在出厂前都充有氮气，如果打开胶堵有气体冒出来，证明冷凝器的密封是好的；如果没有，应进行检漏。检漏的方法如下（见图 7－28）：

1）充入 0.2MPa 左右的干燥空气，然后用胶堵把冷凝器进出口封住。

2）把冷凝器放在水槽中约一分钟，观察水中是否有水泡。如果水中有水泡，证明冷凝器有渗漏。

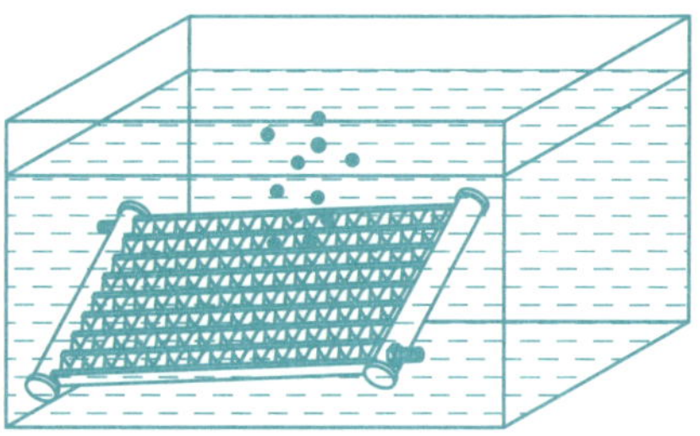

图 7－28　冷凝器的检漏

在检漏过程中不能让水进入冷凝器内。

3. 冷凝器的安装

冷凝器安装的顺序正好与拆卸的顺序相反，但安装时，要注意以下几个方面：

（1）拆下塞布；

（2）更换 O 形密封圈；

（3）进行抽真空并充注制冷剂，然后检查是否有泄漏的地方；

（4）检查风扇的运转情况。

7.4.3　蒸发器的拆卸、检修与安装

1. 蒸发器的拆卸

（1）拆下通风管道；

（2）拆下蒸发器电机和调整电阻的连接导线；

（3）排除或回收制冷系统内的制冷剂；

（4）拆下蒸发器进、出口管；

（5）拆下蒸发器固定螺栓，取下蒸发器，放在指定地方。

2. 蒸发器的检修

（1）检查蒸发器散热片是否有灰尘或被堵塞，如有，则用水清洗或用压缩空气吹；

（2）检查蒸发器散热片是否有弯曲，如有，则用起子或手钳加以矫正；

（3）检查蒸发器电机是否有问题，如电机线圈烧坏了或风扇叶损坏了应更换；

（4）检查蒸发器调整电阻是否有问题，如电阻值不符合规定值则应更换；

（5）检查蒸发器排水管是否堵塞，如有则应进行疏通。

3. 蒸发器的安装

安装的顺序正好与拆卸的顺序相反，但安装时，要注意以下几个方面：

（1）拆下塞布；

（2）更换 O 形密封圈；

（3）进行抽真空并充注制冷剂，然后检查是否有泄漏的地方；

（4）检查风扇的运转情况。

7.4.4　热力膨胀阀的拆卸、检修与安装

1. 热力膨胀阀的拆卸

（1）排除或回收制冷系统内的制冷剂；

（2）拆下热力膨胀阀感温包上的胶泥和卡箍；

（3）拧开膨胀阀接头。

2. 热力膨胀阀的检修

（1）取下膨胀阀内的过滤网，检查膨胀阀内的过滤网是否堵塞，若是，则应进行清理。

（2）检查膨胀阀感温包内制冷剂是否泄漏，若是，则应更换膨胀阀。检查方法如图 7－29 所示，用嘴对着膨胀阀一端吹气。如果另一端没有气出来，证明感温包内制冷剂没有泄漏；如果另一端有气出来，证明感温包内制冷剂有泄漏。

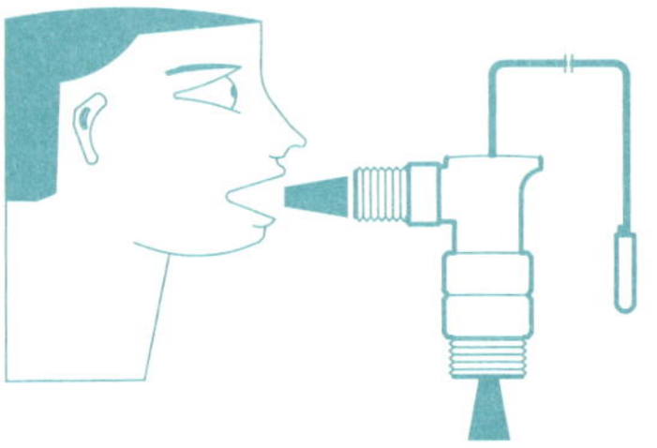

图 7－29　感温包的检漏

3. 热力膨胀阀的安装

安装的顺序正好与拆卸的顺序相反，但安装时，要注意以下几个方面：

（1）拆下塞布；

（2）更换 O 形密封圈；

（3）不要接反进出口；

（4）进行抽真空并充注制冷剂，然后检查是否有泄漏的地方。

7.4.5　储液干燥器的拆卸、检修与安装

1. 储液干燥器的拆卸

（1）拆下储液干燥器上的压力开关的连接导线；

（2）排除或回收制冷系统内的制冷剂；

（3）拆下储液干燥器进、出口管；

（4）拆下储液干燥器固定螺栓，取下储液干燥器，放在指定地方。

2. 储液干燥器的检修

储液干燥器的检修方法：

（1）检查储液干燥器连接接头是否有油迹，如果有油迹说明制冷剂泄漏，应更换密封圈使其密封；

（2）检查检视孔是否破裂，如有破裂或油迹应更换；

（3）启动空调，用手检查储液干燥器的进口。

3. 储液干燥器的安装

安装的顺序正好与拆卸的顺序相反，但安装时，要注意以下几个方面：

（1）拆下塞布；

（2）更换 O 形密封圈；

（3）进、出口不要接反，一般储液干燥器用箭头表明制冷剂的流动方向；

（4）进行抽真空并充注制冷剂，然后检查是否有泄漏的地方。

7.4.6　制冷系统的清洗

活塞和气缸磨损严重或被卡住的压缩机需要更换时，要检查管路的内部。如果管路内部有铁屑或铝屑碎片时，应对系统的部件逐一进行清洗。清洗的主要部件是冷凝器。清洗的方法如下：

（1）如图 7－30 所示把冷凝器和制冷剂罐、回收装置连接成密闭系统；

（2）让制冷剂罐倒置，使液态制冷剂充入冷凝器内；

（3）打开回收装置，回收制冷剂。

在清洗过程中，杂质会被回收装置的过滤器过滤。被回收装置回收的制冷剂可以重复使用。蒸发器的清洗也用这种方法。

注意：在更换压缩机时，过滤器也要更换。

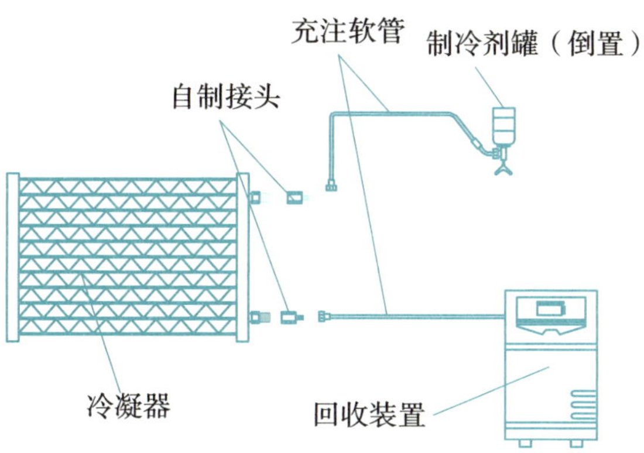

图 7－30　清洗冷凝器内部

7.4.7　拆装注意事项

（1）拆卸或安装部件和管路接头时，必须用两把扳手，一把用来固定，一把用来拧螺母，避免接头被拧变形。如图 7－31 所示。

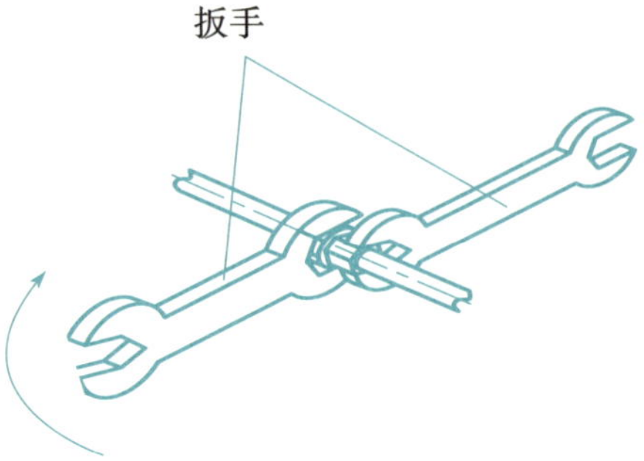

图 7－31　拆装接头

（2）拆下部件或管路时，必须用布封住接口，避免水分进入部件或管路内。如图 7－32 所示。

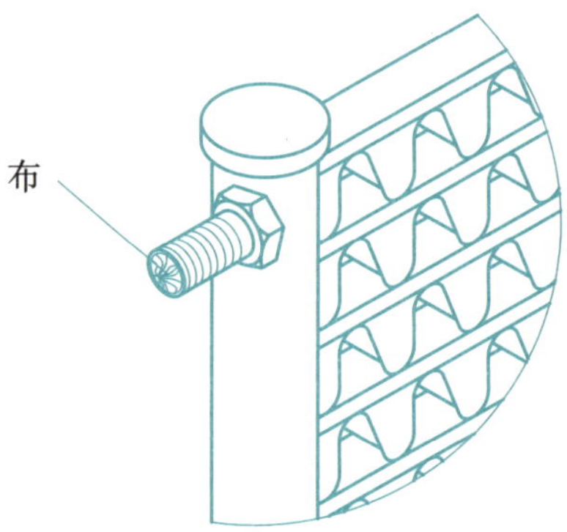

图 7－32　用布封接口

（3）安装时接头处必须涂上冷冻机油，如图 7－33 所示。

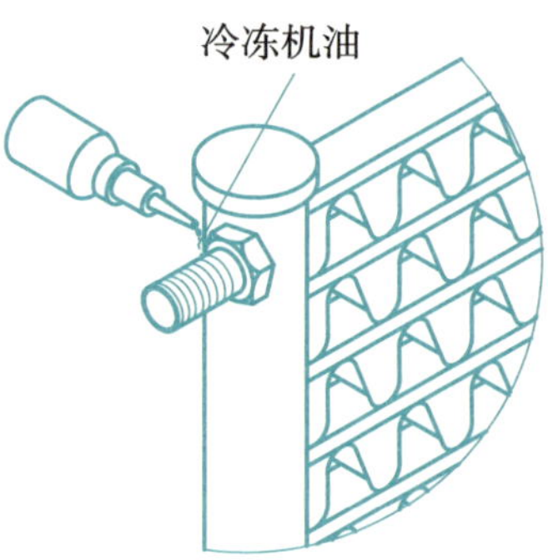

图 7－33　接头处涂冷冻机油

7.4.8　汽车空调控制元件的检修

1. 温度传感器的检测

温度传感器是一个负感温特性的热敏电阻，通过在不同的温度下测量其电阻值，可以判断温度传感器的好坏。

检测方法如下（见图 7 - 34）：

（1）把热敏电阻放在带有温度计的冰水中；

（2）用万用表连接热敏电阻的两端，并把电阻值调到 1 000 挡位置；

（3）当冰水温度变化时，记录热敏电阻的阻值。

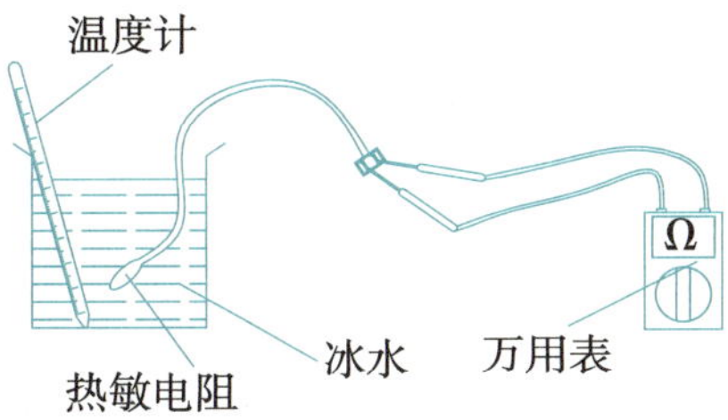

图 7 - 34　温度传感器的检测

对照热敏电阻的温度与阻值关系，判断其是否符合要求。每一种车型的温度传感器电阻与温度的关系略有不同，具体可以查阅汽车维修手册。表 7 - 2 ～表 7 - 5 列出了一些汽车的温度传感器在不同温度下的电阻值。

表 7 - 2　车内温度传感器的规格

温度（℃） 电阻（Ω） 车型	20	30
奔驰	3 200 ～ 3 699	2 050 ～ 2 300
奥迪	3 513	2 237
风度	2 650	1 810

表 7 - 3　车外温度传感器的规格

温度（℃） 电阻（Ω） 车型	20	30	40
奔驰	3 100 ～ 3 900	1 900 ～ 2 300	1 400 ～ 1 600
奥迪	3 513	2 237	—
风度	6 300	4 000	2 600

表 7-4　凌志蒸发器温度传感器的规格

温度℃	0	15
电阻（Ω）	4 500 ～ 5 200	2 000 ～ 2 700

表 7-5　凌志水温温度传感器的规格

温度（℃）	0	40	70
电阻（Ω）	1 650 ～ 1 750	2 400 ～ 2 800	700 ～ 1 000

2. 常开型继电器的检测

（1）把万用表调到 10Ω 挡；

（2）如图 7-35 所示，将万用表接到继电器线圈两端（84 和 86），测量线圈电阻值。

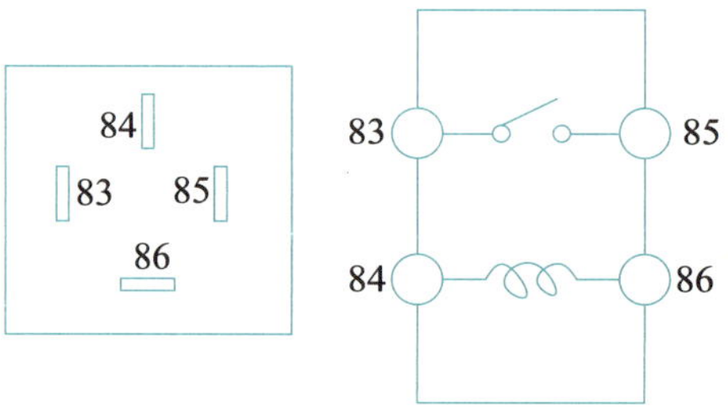

图 7-35　用万用表测量线圈电阻

如电阻值无穷大，表明继电器线圈烧坏。

如电阻值为 3Ω 左右，表明继电器线圈正常。

3. R12 用双位开关的测试

（1）把压力表高压软管分别连接到空调实验台架上的压缩机的出口充注阀上，并把高压手动阀拧紧。

（2）让空调制冷系统工作，注意观察压力表的变化，这时的压力值在 1.5MPa 左右。

（3）拔掉冷凝器电机插头，使冷凝器电机停止工作，此时压力会急剧升高。当压力升高到 2.7MPa 左右时，压力开关断开，压缩机电磁离合器分离，压缩机停止工作。

（4）当压缩机停止工作后，压力下降。当压力下降到 2.0MPa 左右时，压力开关闭合，压缩机电磁离合器闭合，压缩机重新工作（这时要插上冷凝器的电机接头）。

（5）打开高压手动阀，让制冷剂泄漏，此时压力会下降。当压力下降到 0.2MPa 左右时，压力开关断开。压缩机电磁离合器分离，压缩机停止工作。

4. 怠速提升器的检测

（1）检查之前使汽车成为下列状态：

发动机冷却液温度：80℃～90℃。

灯、电动冷却风扇和各种附件：设定为 OFF 状态。

变速器：空挡。

（2）检查怠速是否在标准值范围内，标准值：650 ± 50r/min。

（怠速转速是由发动机管理系统自动控制的，不必调整，这里以哈飞汽车为例）。

（3）将空调开关设置为“ON”，使空调开始工作，检查怠速是否在标准值范围内。

A/C 低负荷时标准值：700 ± 50r/min；

A/C 高负荷时标准值：850 ± 50r/min。

复习题

一、选择题（选择一个正确答案，并将其字母填入题内的括号中）

1. 制冷系统抽真空是要去除（　　）。

A. 系统中的水分　　B. 系统中的铁锈

C. 系统中的污垢　　D. 系统中的干燥剂颗粒

2. 在空调系统运转时充注制冷剂，制冷剂应被注入到（　　）。

A. 高压侧　　B. 低压侧

C. 高、低压两侧　　D. 高压侧或低压侧

3. 当空调系统从高压侧充注制冷剂时，下列哪一项是错误的？（　　）

A. 压缩机应停止工作　　B. 压缩机必须用手转动

C. 应倒置制冷剂罐　　D. 低压阀应保持打开

4. A 说：真空泵是用于去除系统中残余制冷剂的；B 说：留在空调系统中的空气和水分会降低系统的散热效果。谁说得对？（　　）

A. A 说得对　　B. B 说得对

C. A 和 B 说得都对　　D. A 和 B 说得都不对

5. 将歧管压力表接入制冷系统管路中时，A 说：将高压软管连接到蒸发器和压缩机之

间的管路上；B 说：将低压软管连接到压缩机和冷凝器之间的管路上。谁说得对？（　　）

A. A 说得对　　B. B 说得对

C. A 和 B 说得都对　　D. A 和 B 说得都不对

6. 当歧管压力表的高、低手动阀都关闭时，可以进行下列哪项操作？（　　）

A. 抽真空　　B. 加注制冷剂

C. 检测压力　　D. 排放制冷剂

7. 安装空调系统、加注制冷剂、检修故障和检测空调系统的性能时，需使用的工具及设备有：（　　）、制冷剂泄漏检测、制冷剂添加阀、扭矩扳手、通用工具、干式及湿式温度计、温度表等。

A. 压力表组　　B. 真空泵

C. A+B　　D. 以上都不对

8. 歧管压力表上的高压管与低压管（　　）。

A. 可以互换　　B. 不同时使用

C. 强度不相同　　D. A+C

9. 压缩机电磁离合器的间隙可以用（　　）进行测量。

A. 塞规　　B. 游标卡尺

C. 千分尺　　D. 三角尺

10. 如果膨胀阀感温包泄漏，膨胀阀开度（　　）。

A. 全开　　B. 关闭

C. 半开　　D. 不确定

11. 膨胀阀的感温包包扎在管的（　　）。

A. 上面　　B. 下面

C. 侧面　　D. 无所谓

12. 最常用的制冷剂的检漏方式是（　　）。

A. 皂泡法　　B. 电子检漏仪

C. 染色剂法　　D. 卤素泄漏检测仪

二、判断题（将判断结果填入括号内，正确的填"√"，错误的填"×"）

1. 管路连接前应在接头处涂上冷冻机油。（　　）

2. 管路接头拆卸后，O 形密封圈应更换。（　　）

3. 拆管路接头时只用一把扳手就行。(　　)

4. 压缩机皮带松紧对压缩机工作没有多大影响。(　　)

5. 补充制冷剂可以不加注冷冻机油。(　　)

6. 制冷剂对人体无害。(　　)

7. 怠速开空调时，发动机转速升高。(　　)

8. 允许少量空气进入系统内。(　　)

9. 用电子检漏仪检查空调制冷剂是否泄漏时，如果发现制冷剂泄漏，电子检漏仪即发出声响报警或发出闪烁光。(　　)

第 8 章 汽车空调的常见故障与诊断

汽车空调制冷系统是一个全封闭的循环系统，不能对其部件随便拆卸，要对故障做准确的判断后才能进行维修。在对故障进行判断前要先认真向车主了解情况，然后根据自己的经验分析故障并得出判断结果。本章从汽车空调的常见故障与排除、汽车空调故障的诊断方法和汽车空调维修后的性能检测 3 方面向读者做详细介绍。

8.1 汽车空调的常见故障与排除

8.1.1 制冷系统主要部件的常见故障与排除

1. 压缩机（含电磁离合器）常见故障诊断与排除

故障现象 1：压缩机不转或运转不平稳。

故障分析：

（1）电磁离合器线圈不工作，导致动力不能传递；

（2）制冷系统压力过高，导致电磁离合器线圈断电；

（3）电磁离合器间隙不合适，使皮带轮与电磁离合器从动盘打滑或不能彻底分离；

（4）皮带磨损、断裂或松弛，使皮带轮打滑；

（5）皮带轮和电磁离合器接触面有油迹，使皮带轮打滑。

排除方法：

（1）检查电磁离合器线圈电阻是否在 4Ω 左右，电路是否有故障，电压是否正常；

（2）查找压力过高的原因并排除；

（3）调整电磁离合器间隙在 0.3 ～ 0.6mm 之间；

（4）调整皮带张紧度或更换皮带；

（5）清除油迹。

故障现象 2：压缩机轴封处有油迹。

故障分析：压缩机轴封磨损，造成冷冻机油泄漏。

排除方法：更换轴封。

故障现象 3：压缩机缸盖处有油迹。

故障分析：压缩机缸盖 O 形密封圈老化破损，造成冷冻机油泄漏。

排除方法：更换 O 形密封圈。

故障现象 4：压缩机运转时有异常声响。

故障分析：

（1）压缩机吸、排气阀片破损；

（2）主轴轴承磨损，间隙增大；

（3）电磁离合器连接键磨损，间隙增大。

排除方法：

（1）更换阀片；

（2）更换轴承；

（3）更换连接键。

故障现象 5：压缩机无压缩作用。

故障分析：

（1）活塞环磨损或气缸壁磨损，间隙增大，造成气体泄漏；

（2）进、排气阀破损，气缸密封不严；

（3）气缸密封垫老化或破损。

排除方法：

（1）更换活塞或活塞环；

（2）更换进、排气阀；

（3）更换气缸密封垫。

故障现象 6：压缩机高、低侧压力相等且很低。

故障分析：压缩机气缸密封垫老化破损，引起吸气腔和排气腔窜气。

排除方法：更换气缸密封垫。

2. 冷凝器（含冷凝器风扇）常见故障与排除

故障现象 1： 冷凝器散热片表面有油垢。

故障分析： 冷凝器扁管破裂，引起制冷剂的泄漏。

排除方法： 对破裂部位进行焊接修理或更换同规格的冷凝器。

故障现象 2： 冷凝器部分散热片结霜。

故障分析： 冷凝器扁管堵塞，引起堵塞部位的制冷剂的温度过低，通过热传递造成散热片表面温度也过低，空气通过散热片时析出水分，如果散热片表面温度低于 0℃，水就会结霜，甚至结冰。

排除方法： 更换有过滤网的附属装置，如储液干燥器、气液分离器等。

故障现象 3： 高压侧压力过高。

故障分析：

（1）冷凝器电机或风叶故障，引起散热量减少，造成冷凝压力过高；

（2）冷凝器散热片有灰尘或散热片之间被杂物或泥浆堵塞，引起散热量减少，造成冷凝压力过高。

排除方法：

（1）更换冷凝器电机或风叶；

（2）用水或压缩空气对散热片进行清洗。

3. 蒸发器（含蒸发器风扇）常见故障与排除

故障现象 1： 蒸发器散热片表面有油垢。

故障分析： 蒸发器扁管破裂，引起制冷剂的泄漏。

排除方法： 对破裂部位进行焊接修理或更换同规格的蒸发器。

故障现象 2： 蒸发器部分散热片结霜。

故障分析： 蒸发器扁管堵塞，引起堵塞部位的制冷剂温度过低，通过热传递造成散热片表面温度也过低，空气通过散热片时析出水分，如果散热片表面温度低于 0℃，水就会结霜，甚至结冰。

排除方法： 更换有过滤网的附属装置，如储液干燥器、气液分离器等。

故障现象 3： 蒸发器结霜。

故障分析：

（1）系统内有水分，引起膨胀阀堵塞；

（2）膨胀阀过滤网堵塞；

（3）蒸发器表面温度传感器失灵。

这些故障都会引起蒸发器内的制冷剂温度过低，通过热传递造成散热片表面温度也过低，空气通过散热片时析出水分，如果散热片表面温度低于 0℃，水就会结霜，甚至结冰。

排除方法：

（1）重新抽空并更换干燥器；

（2）清洗或更换膨胀阀过滤网；

（3）更换蒸发器表面温度传感器。

4. 热力膨胀阀常见故障与排除

故障现象 1：热力膨胀阀到压缩机进口之间的管路和部件结霜或结冰。

故障分析：

（1）脏堵：膨胀阀过滤网有太多杂物（如油泥、铁屑）；

（2）冰堵：系统内有太多水分，水分通过膨胀阀节流孔时结冰，堵住了节流孔；

（3）感温包内的制冷剂泄漏，引起节流孔的堵塞。

这些故障情况会引起堵塞部位到压缩机进口之间的压力和温度过低，空气会析出水分。如果温度低于 0℃，水分就会结霜，甚至结冰。

排除方法：

（1）更换储液干燥器并清除膨胀阀过滤网上的杂物，或更换该过滤网；

（2）重新抽空并更换干燥器；

（3）更换同规格的膨胀阀。

故障现象 2：热力膨胀阀出口处过热。

故障分析：膨胀阀开度过大，节流效果不显著。

排除方法：更换膨胀阀。

5. 管路常见故障与排除

故障现象：制冷剂泄漏。

故障分析：管路接头松动，造成制冷剂泄漏。

排除方法：紧固管路接头并进行检漏。

8.1.2 通风系统和采暖系统常见故障与排除

故障现象 1：风量不足。

故障分析：

（1）空气过滤器堵塞；

（2）蒸发器堵塞；

（3）送风管道漏风。

排除方法：

（1）清洗空气过滤器；

（2）清洗蒸发器散热片；

（3）检查送风管道漏风部位并进行修理。

故障现象 2：热风量不足。

故障分析：

（1）加热器堵塞；

（2）暖气阀门损坏，阀门开度过小。

排除方法：

（1）清洗加热器散热片；

（2）更换暖气阀门。

8.1.3 控制系统主要部件的常见故障与排除

故障现象 1：熔断丝烧断。

故障分析：

（1）导线磨损，引起线路短路；

（2）冷凝器或蒸发器电机风叶被卡，造成负载过大；

（3）冷凝器散热片有大量的泥浆，造成负载过大。

排除方法：

（1）用绝缘胶布包扎好导线磨损部位并更换熔断丝；

（2）清理风叶上的杂物并更换熔断丝；

（3）清理冷凝器散热片上的污泥并更换熔断丝。

故障现象 2：继电器烧坏。

故障分析：继电器短路。

排除方法：更换继电器。

故障现象 3：压力开关断开。

故障分析：

（1）系统压力过高。为保护系统部件不受损坏，压力开关断开，使压缩机停止工作。

（2）系统压力过低。为保护压缩机不受损坏，压力开关断开，使压缩机停止工作。

排除方法：

（1）检查系统压力过高的原因并排除；

（2）检查系统压力过低的原因并排除。

故障现象 4：怠速开空调时发动机容易死火。

故障分析：怠速提升器工作不正常，造成开空调时发动机转速过低。

排除方法：打开空调制冷系统，调整怠速提升器，使发动机转速在规定范围内。

故障现象 5：电磁离合器线圈不工作。

故障分析：

（1）制冷系统压力过高或过低，压力开关断开；

（2）继电器烧坏；

（3）熔断丝烧断；

（4）电磁离合器线圈搭铁线松动；

（5）线圈烧坏。

排除方法：

（1）检查压力过高或过低的原因并排除；

（2）更换继电器；

（3）更换熔断丝；

（4）紧固电磁离合器线圈搭铁线；

（5）更换电磁离合器线圈。

8.1.4　制冷系统常见故障与排除

1. 制冷系统不制冷

故障现象：压缩机不工作，送风口送出的是自然风。

故障分析：

（1）压缩机皮带打滑，压缩机没有动力而不能工作，导致制冷系统不能制冷；

（2）电磁离合器从动盘和皮带轮接触面有油迹，使电磁离合器从动盘和压缩机皮带轮打滑，压缩机没有动力而不能工作，导致制冷系统不能制冷；

（3）电磁离合器间隙过大，使压缩机皮带轮空转，压缩机没有动力而不能工作，导致制冷系统不能制冷；

（4）熔断丝烧断，使电磁离合器不能闭合，压缩机没有动力而不能工作，导致制冷系统不能制冷；

（5）电磁离合器线圈烧坏，使电磁离合器不能闭合，压缩机没有动力而不能工作，导致制冷系统不能制冷；

（6）电磁离合器线圈搭铁线松动，使电磁离合器不能闭合，压缩机没有动力而不能工作，导致制冷系统不能制冷；

（7）电源电压过低，使电磁离合器不能闭合，压缩机没有动力而不能工作，导致制冷系统不能制冷；

（8）系统内制冷剂太少，压力开关常开，压缩机不工作。

排除方法：

（1）调整压缩机皮带的张紧度或更换皮带；

（2）清洗电磁离合器从动盘和皮带轮接触面的油迹；

（3）调整电磁离合器间隙在合适的范围内；

（4）检查控制电路导线是否磨损并及时更换熔断丝；

（5）更换电磁离合器线圈；

（6）紧固电磁离合器线圈搭铁线；

（7）检查蓄电池并及时充电；

（8）补充制冷剂。

2. 制冷系统制冷量不足

故障现象：压缩机工作正常，而送风口送出的冷风温度过高，使车内温度不能降下来。

故障分析：

（1）压缩机吸、排气阀破损；

（2）压缩机气缸密封垫老化破损，吸、排气腔窜气；

（这两种情况都会造成压缩机压缩效果差，使蒸发器和冷凝器不能正常地进行吸热和放热，导致制冷量不足。）

（3）制冷剂有泄漏，使系统制冷剂少，导致制冷量不足；

（4）制冷剂充注过多，影响冷凝器的放热，导致制冷量不足；

（5）冷冻机油过多，影响冷凝器的放热和蒸发器的吸热，导致制冷量不足；

（6）冷凝器和蒸发器的散热片表面有灰尘或污泥；

（7）冷凝器和蒸发器有大量的散热片翘曲；

（6）（7）两种情况都会造成散热效果差，影响冷凝器的放热和蒸发器的吸热，导致制冷量不足。

（8）热力膨胀阀开度过大或过少，影响蒸发器的制冷量，导致制冷量不足；

（9）系统内有太多空气，影响散热，导致制冷量不足。

排除方法：

（1）更换压缩机吸、排气阀；

（2）更换压缩机气缸密封垫；

（3）检查泄漏部位，紧固管路接头，补充足够的制冷剂；

（4）回收或放掉过量的制冷剂；

（5）放掉过量的冷冻机油；

（6）清洗冷凝器和蒸发器散热片表面的灰尘或污泥；

（7）对有翘曲的散热片进行修复；

（8）更换热力膨胀阀；

（9）重新抽空并更换干燥器。

3. 制冷系统制冷时断时续

故障现象：压缩机的工作时断时续，使送风口送出的冷风温度时低时高。

故障分析：

（1）系统内有太多水分，经过膨胀阀时结冰造成冰堵；

（2）系统内脏物太多造成脏堵；

（3）冷凝器散热片严重堵塞；

（4）冷凝器电机被烧坏。

这些情况都会造成高压侧压力过高，压力开关断开，压缩机停止工作；当压力下降时，压力开关闭合，压缩机重新工作。如此反复，使压缩机的工作时断时续，使送风口送出的冷风温度时低时高。

排除方法：

（1）重新抽空；

（2）清洗整个制冷系统并更换过滤器；

（3）清洗冷凝器的散热片，对有翘曲的散热片进行修复；

（4）更换冷凝器电机。

8.2 汽车空调故障的诊断方法

汽车空调故障的原因很多，有些原因可以通过直观的感觉来判断，而有些原因要通过压力的变化来判断。

8.2.1 直观法

直观法是指根据看、听、摸等方式来判断故障部位的方法。

1. 看

（1）观察制冷系统部件（特别是压缩机轴封处）及管路接头处是否有油垢，如有，则说明有油垢处的部位存在制冷剂和冷冻机油泄漏。

（2）观察冷凝器表面是否清洁。如果冷凝器表面有灰尘、泥浆、杂物，要注意清理。发现散热片有翘曲，要用起子矫正。

（3）观察蒸发器进口处的空气过滤器是否有灰尘，要及时清理过滤器。

（4）打开空调开关，观察制冷系统及管路外表面是否有结霜、结冰现象，如有，则说明系统内有堵塞，堵塞部位就是结霜开始的位置。

（5）打开空调开关，观察视液镜并判断制冷系统内的制冷剂量。如果视液镜很清晰，则说明制冷剂适量；如果视液镜里有气泡出现，则说明制冷剂不足；如果气泡呈泡沫状，则说明制冷剂严重不足。

2. 听

启动发动机，打开空调开关，听压缩机的工作声响。

（1）重复打开空调开关，听压缩机是否有“卡嗒”声，如果没有，则说明压缩机不工作。

（2）重复打开空调开关，听继电器是否有“嗒嗒”声，如果没有，则说明继电器不工作。

（3）听是否有“嗡嗡”的尖叫声，如果有，则说明皮带打滑。

（4）如果听到压缩机有抖动声，一般是压缩机固定螺栓和支架固定螺栓松动。

（5）如果用试棒听到压缩机内部有敲击声，一般是制冷剂的“液击”或“奔油”

敲缸声。听到有严重的摩擦声，一般是冷冻机油不足。

（6）停机时听到机体内有连续的撞击声，说明压缩机内部运动部件磨损严重。

3. 摸

正常情况下，低压管路呈低温状态，高压管路呈高温状态。通过用手触摸工作着的空调系统管路及各部件的温度，可以判断故障部位。

（1）用手触摸压缩机的进、排气管，如果没有明显的温差，则说明压缩机阀片或密封垫损坏。

（2）用手触摸压缩机的进气管，如果没有冰凉的感觉，则说明制冷量不足。

（3）把手放在送风口，如果没有冰凉的感觉，则说明制冷效果差。

8.2.2　压力检测法

直观法只是一种直观的判断，不能真实地反映系统内的工作情况，所以有些故障部位不能通过直观法进行判断，需要结合压力检测法对故障部位进行判断。压力检测法就是用歧管压力表检测系统内高、低压力侧的压力，是通过高、低侧压力的变化判断故障部位的方法。

每一种类型的制冷系统的正常工作压力范围都不相同，测试工况（如压缩机转速、环境温度、车内温度等）不同，高、低压力范围也略有差别。具体参数可以看该车型的维修手册。例如。福特蒙迪欧汽车空调制冷系统高压侧压力与环境温度的关系如图 8－1 所示，低压侧压力与环境温度的关系如图 8－2 所示。它的运行工况是：发动机转速为 1 500r/min，运转约 10 分钟；空气循环为车外循环；风机马达为最高转速；设定车内温度大约为 22℃。

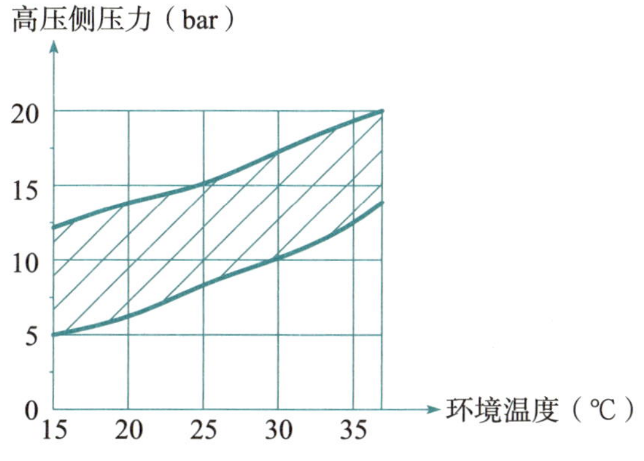

图 8－1　高压侧压力与环境温度的关系

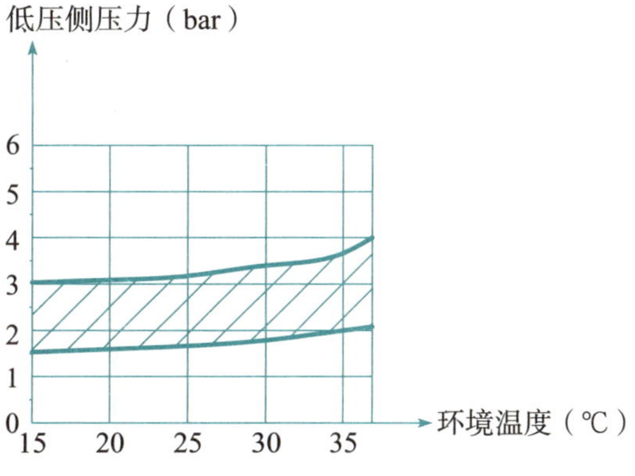

图 8－2　低压侧压力与环境温度的关系

填充部分为在运行工况下某一温度下允许的压力工作范围。如果超出图 8－1 或图 8－2 的压力允许工作范围，压力就是异常。

通过检测系统内的压力变化，根据系统工作时的压力范围，可以比较准确地判断故障部位。

用歧管压力表组测量系统压力时，首先将压力表组的高、低压手动阀关闭，然后将压力表组的高、低软管分别连接到系统的高、低压检修阀上，并利用系统内制冷剂压力排除管内空气。启动压缩机，待压力表指示稳定后即可读取压力值。

常见压力变化所对应的故障见表 8－1。

表 8－1　压力变化所对应的故障表

压力表显示	辅助现象	故障分析	故障排除
低压侧压力－高 高压侧压力－高 （CCTXV 或 CCOT 系统）	1. 冷凝器散热片堵塞或有灰尘 2. 冷凝器风机不转	冷凝器散热差	1. 清洁冷凝器 2. 检查并修理冷凝器风机
低压侧压力－高 高压侧压力－高 （CCTXV 或 CCOT 系统）	1. 观察视液镜无气泡 2. 水溅到冷凝器后压力恢复正常	制冷剂过多	释放或回收制冷剂
低压侧压力－高 高压侧压力－高 （CCTXV 系统）	观察视液镜有机油条纹	冷冻机油过多	释放过多的冷冻机油
低压侧压力－高 高压侧压力－高 （CCTXV 或 CCOT 系统）	停机后高压侧压力下降较慢	制冷系统内空气过多	重新抽空
低压侧压力－高 高压侧压力－高 （CCTXV 系统）	吸气管上有冷凝水甚至结霜到压缩机进口处	热力膨胀阀开度大或感温包接触不良	更换热力膨胀阀或重新包扎感温包
低压侧压力－高 高压侧压力－高 （CCOT 系统）	节流孔管出口处温度高	节流孔管 O 形密封圈破损	更换节流孔管 O 形密封圈
低压侧压力－低 高压侧压力－低 （CCTXV 系统）	观察视液镜有大量气泡	制冷剂不足	检漏并补充制冷剂
低压侧压力－低 高压侧压力－低 （CCTXV 或 CCOT 系统）	1. 蒸发器结冰 2. 风机不转 3. 蒸发器散热片堵塞或有灰尘	蒸发器散热差	1. 清洁蒸发器 2. 检查并修理蒸发器风机
低压侧压力－低 高压侧压力－低 （CCTXV 系统）	蒸发器到压缩机进口处结霜，但结不到进口处	热力膨胀阀开度小	更换热力膨胀阀

续前表

压力表显示	辅助现象	故障分析	故障排除
低压侧压力 – 低 高压侧压力 – 低 （CCTXV 系统）	膨胀阀到压缩机进口处结霜	感温包制冷剂泄漏	更换热力膨胀阀
低压侧压力 – 低 高压侧压力 – 低 （CCTXV 系统）	储液干燥器进出口有温差	储液干燥器过滤网部分堵塞	清洁制冷系统并更换储液干燥器
低压侧压力 – 负低 高压侧压力 – 低 （CCTXV 系统）	储液干燥器到压缩机进口处结霜	储液干燥器过滤网严重堵塞	清洁制冷系统并更换储液干燥器
低压侧压力 – 负低 高压侧压力 – 低 （CCTXV 或 CCOT 系统）	开空调后膨胀阀到压缩机进口处很快结霜	膨胀阀过滤网严重脏堵	清洁膨胀阀过滤网上的杂质并更换储液干燥器
低压侧压力 – 负低 高压侧压力 – 低 （CCTXV 或 CCOT 系统）	开空调后膨胀阀到压缩机进口处很慢结霜	系统内有水分，造成膨胀阀发生冰堵	重新抽空，并更换储液干燥器
低压侧压力 – 高 高压侧压力 – 低 （CCTXV 或 CCOT 系统）	排气管温度低，加速时高压侧压力不会升高	压缩机阀片或密封垫损坏	更换压缩机
低压侧压力 – 高 高压侧压力 – 低 （CCTXV 或 CCOT 系统）	开空调后有“嗡嗡”的尖叫声	压缩机皮带轮打滑，动力不足	调整压缩机皮带松紧度

8.3　汽车制冷系统维修后的性能检测

汽车空调制冷系统修理之后，制冷系统的制冷性能是否恢复，故障是否排除，可以进行一些简单的检测。

8.3.1　制冷系统性能检测程序

（1）关闭汽车所有门窗及发动机仓；

（2）开动发动机，打开空调；

（3）设定一定温度（最冷），让风量达到最大；

（4）让制冷系统运行 15 分钟左右。

8.3.2 测试方法

把温度计放在出风口，测量车内出风口温度。当车内出风口温度与车内温度符合下表一的数值时，空调系统正常。车内温度与中央出风口温度的关系如图 8－3 所示。

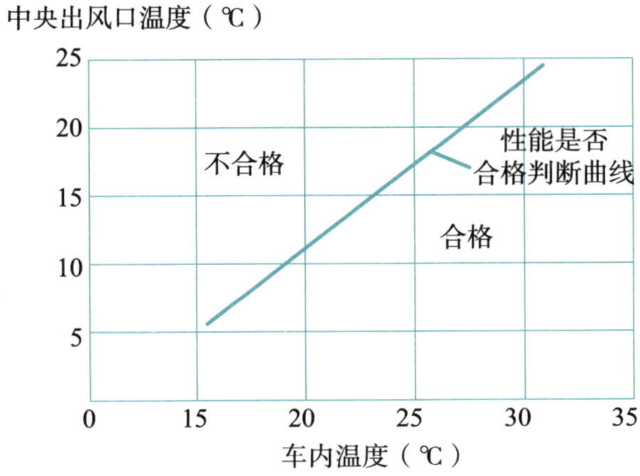

图 8－3　车内温度与中央出风口温度的关系

出风口温度一般在 2℃以下时可见白雾气吹出，4℃～ 8℃最常见，10℃以上效果感觉逐渐差。进出口温度差在 15℃以上时即为空调制冷运行正常。

复习题

一、选择题（选择一个正确答案，并将其字母填入题内的括号中）

1. A 说：有故障的离合器轴承会导致压缩机在运转时发出噪声；B 说：如果当压缩机不工作时噪声也停止，那么离合器轴承有故障，应该进行更换。谁说得对？（　　）

A. A 说得对　　B. B 说得对

C. A 和 B 说得都对　　D. A 和 B 说得都不对

2. 利用歧管压力表对空调系统进行的检查表明，系统运转 15 分钟后，低压侧处于真空状态，表压低于零。A 说：低压开关有故障；B 说：固定量孔可能被阻塞。谁说得对？（　　）

A. A 说得对　　B. B 说得对

C. A 和 B 说得都对　　D. A 和 B 说得都不对

3. 热力膨胀阀处结了很厚的冰，检视窗内显示清晰。A 说：热力膨胀阀是系统中最冷的部件，这一情况很正常；B 说：在储液干燥器明显存在阻塞。谁说得对？(　　)

A. A 说得对　　B. B 说得对

C. A 和 B 说得都对　　D. A 和 B 说得都不对

4. 在 CCTXV 系统的高压过高，在储液干燥器之前，靠近冷凝器出口处的冷凝器上结霜。A 说：系统可能充注了过量的制冷剂；B 说：可能是由于冷凝器中存在阻塞。谁说得对？(　　)

A. A 说得对　　B. B 说得对

C. A 和 B 说得都对　　D. A 和 B 说得都不对

5. 在进行空调系统性能测试时，A 说：将一个温度计插入仪表板中央的风道中，监测吹风温度；B 说：应从彻底的直观检查开始测试。谁说得对？(　　)

A. A 说得对　　B. B 说得对

C. A 和 B 说得都对　　D. A 和 B 说得都不对

6. 在利用压力计对空调系统进行测试。高压侧压力低，低压侧压力高。下列哪一项是最可能的原因？(　　)

A. 膨胀阀开度大　　B. 系统高压侧阻塞

C. 压缩机缸盖衬垫泄漏　　D. 膨胀阀开度小

7. 在进行空调系统的压力测试时，环境温度为 28℃，低压侧压力读数低（8psi），高压侧压力读数也低（85psi）。下列哪项会造成这一情况？(　　)

A. 制冷剂不足　　B. 正常运转

C. 压缩机损坏　　D. 高压侧阻塞

8. 高压侧压力为 245psi，低压侧压力为 28psi，环境温度为 78 ℉。这些压力读数表明了什么？(　　)

A. 系统充注量不足　　B. 系统充注过量

C. 系统正常　　D. 膨胀阀堵塞

9. 系统中的冷凝器散热片上发现大量的灰尘和树叶。以下哪项是系统可能出现的症状？(　　)

A. 制冷不足　　B. 蒸发器结冰

C. 鼓风机电动机效率低　　D. 制冷剂损失

10. 泄压阀周围有润滑油。A 说：冷凝器的气道可能被阻塞了；B 说：制冷剂可能

充注过量。谁说得对？（　　）

A. A 说得对　　B. B 说得对

C. A 和 B 说得都对　　D. A 和 B 说得都不对

11. 有一个空调压缩机电磁离合器，在离合器接合时会发出噪声，但当离合器分离时噪声消失。下列哪项是最可能的原因？（　　）

A. 压缩机离合器故障　　B. 制冷剂不足

C. 压缩机内部损坏　　D. 传动带过紧

12. 在车辆启动时，环境温度为 26℃时，空调系统吹冷风。车辆行驶了约 16 千米后，系统停止吹冷风，并且热力膨胀阀结霜。当空调系统关闭 5 分钟后再次打开，会再吹冷风。如此反复。该问题最可能的原因是（　　）。

A. 热力膨胀阀有问题　　B. 制冷剂过量

C. 冷凝器阻塞　　D. 制冷系统内有水分

13. 风窗玻璃内侧有一层油膜，而且空调制冷不足。A 说：这层油膜可能是由空调加热器壳体排水管阻塞导致的；B 说：这层油膜可能是因蒸发器泄漏导致的。谁说得对？（　　）

A. A 说得对　　B. B 说得对

C. A 和 B 说得都对　　D. A 和 B 说得都不对

14. 在半自动空调系统中，温度控制设定为 21℃，当车辆行驶一个小时后，车内温度为 27℃。制冷系统压力正常。A 说：可能车内传感器有故障；B 说：可能温度风门被卡住了。谁说得对？（　　）

A. A 说得对　　B. B 说得对

C. A 和 B 说得都对　　D. A 和 B 说得都不对

15. 在解读压力表读数时，高压侧读数高可能是由以下哪项以外的原因造成的？（　　）

A. 制冷剂充注过量　　B. 冷凝器阻塞

C. 吹过蒸发器的气流不足　　D. 吹过冷凝器的气流不足

16. 在半自动空调系统中，送风口忽而送出冷风，忽而送出暖风，打开发动机仓盖检查时，发现压缩机电磁离合器断断续续工作，而且冷凝器与水箱之间的密封垫脱落。下列哪项是最可能的原因？（　　）

A. 压力开关有故障　　B. 冷凝器散热效果差

C. 压缩机电磁离合器有故障　　D. 恒温器有故障

二、判断题（将判断结果填入括号内，正确的填“√”，错误的填“×”）

1. 如果制冷系统中有水分，则制冷剂高压端压力有时为真空，有时为正常值，而低压端压力有时偏高，有时正常，表现出间歇性制冷的状态，且最终会出现不制冷。(　　)

2. 汽车空调系统加注的制冷剂越多，制冷就越强。(　　)

3. 如果系统制冷效果不佳，当用多用测量表检查时，高、低压端的压力都太低，触摸低压管道时有发热感，从观察镜中可观察到制冷剂流动时有明显气泡，这表明空气进入制冷系统。(　　)

4. 当蒸发器表面结冰时，空调吹出的冷气温度会变低。(　　)

5. 用压力表组检测空调系统压力，如果高、低压均很低，说明制冷剂不足。(　　)

6. 系统内冷冻机油过多不会造成空调制冷系统冷却效果不佳。(　　)

7. 用压力表组检测空调系统压力，如果开始时正常，后来高、低压均过高，这是由于冷凝器散热差造成的。(　　)

第 9 章　综合实训

为了巩固学生对知识点的掌握，增强学生的动手能力，实现理实一体化教学，提高课堂教学效率，本章专门设置了 9 个汽车空调的实训项目，分别是：汽车空调系统的认识、制冷系统压力与温度的测量、汽车空调用压缩机的拆装、汽车空调用热力膨胀阀的拆装、汽车空调制冷系统装置的检修、汽车空调控制元件的测试、汽车空调维修的常规操作、汽车空调制冷系统的故障判断、汽车空调的性能测试。

实训一　汽车空调系统的认识

一、目的和要求

（1）了解汽车空调各大系统以及作用；

（2）了解汽车空调各大系统在车上的安装位置；

（3）了解汽车空调制冷系统管路的连接走向；

（4）掌握汽车空调系统的开启方法。

二、实验器材

汽车空调实验台架。

三、实验内容

（1）在实习用整车上查看各部件的安装位置；

（2）在实习用整车上查看管路的连接走向；

（3）在实习用整车操作空调控制面板，调节暖风、制冷、出风强度、出风口的位置、内外循环等；

（4）在自动空调实验台架上设定温度。

四、注意事项

（1）旋转或滑动按钮时不要太用力；

（2）空调开启后不要用手接触皮带或风叶，避免手受伤。

实训二　制冷系统压力与温度的测量

一、目的和要求

（1）掌握歧管压力表的构造与读数方法；

（2）掌握歧管压力表与汽车空调制冷系统的连接；

（3）掌握汽车空调制冷系统的主要组成部件及工作原理。

二、实验器材

汽车空调实验台架、歧管压力表。

三、实验内容

1. 歧管压力表的构造（见图 9－1）

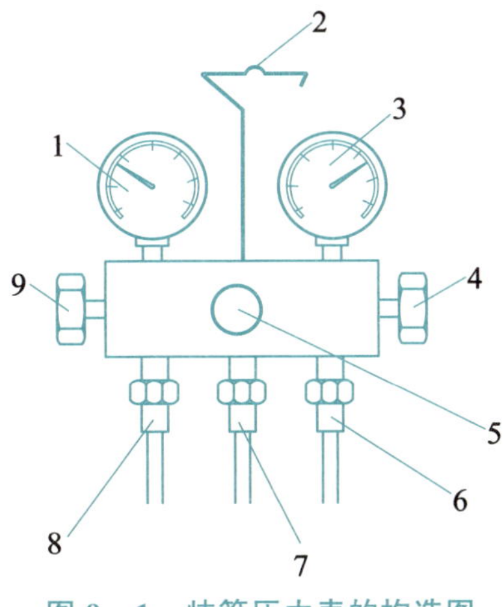

图 9－1　歧管压力表的构造图

1—高压表　2—托架　3—低压表　4—低压手动阀　5—视液镜
6—低压软管　7—充注软管　8—高压软管　9—高压手动阀

1——高压表，显示高压侧压力；

3——低压表，显示低压侧压力；

4——低压手动阀，控制低压软管与中间软管的连通，旋进时为关闭，旋出时为打开；

6——低压软管，连接低压侧充注口；

7——充注软管，可连接真空泵、制冷剂罐或冷冻机油罐；

8——高压软管，连接高压侧充注口；

9——高压手动阀，控制高压软管与中间软管的连通，旋进时为关闭，旋出时为打开。

2. 掌握压力表的读数方法

（1）先把高、低压的手动阀关闭，然后把高、低压的软管分别连接到高、低压的充注口。仔细观察高、低压压力表上的压力读数并记录于表 9 - 1。

（2）打开空调开关，让压缩机工作。仔细观察高、低压压力表上的压力读数并记录于表 9 - 1。

（3）当空调运行工况发生变化时，仔细观察高、低压压力表上的压力读数并记录于表 9 - 1。

表 9 - 1　高压、低压压力表上的压力读数

运行状况	低　压			高　压		
	表压（bar）	绝对压力（bar）	温度（℃）	表压（bar）	绝对压力（bar）	温度（℃）
当压缩机不工作时						
当压缩机工作时						
冷凝器风机低速运转						
冷凝器风机高速运转						
蒸发器风机1挡						
蒸发器风机2挡						
蒸发器风机3挡						
蒸发器风机4挡						

（4）当制冷系统工作时，仔细观察冷凝器和蒸发器进出口空气的温度变化。

四、注意事项

（1）测量时，不要随便打开高、低压手动阀，以防制冷剂泄漏；

（2）当高、低压力表指针在稳定状态时再进行读数。

实训三　汽车空调用压缩机的拆装

一、目的和要求

（1）掌握汽车空调用压缩机的结构与工作原理；

（2）掌握汽车空调用压缩机的拆装步骤；

（3）掌握电磁离合器线圈的测试方法；

（4）掌握电磁离合器间隙的测试及调整方法。

二、实验器材

SD-8 型板摆斜盘式压缩机、12V 直流电源、导线、塞尺、套筒扳手、开口扳手、起拔具、Y 形夹具、卡簧钳、尖嘴钳、木锤。

三、实验内容

（1）压缩机电磁离合器的拆卸。

具体步骤参见 7.4 汽车空调的检修。

（2）压缩机内部零部件的拆卸。

具体步骤参见 7.4 汽车空调的检修。

（3）压缩机的安装。

具体步骤参见 7.4 汽车空调的检修。

（4）电磁离合器线圈的测试。

具体步骤参见 7.4 汽车空调的检修。

（5）电磁离合器间隙的测试及调整。

具体步骤参见 7.4 汽车空调的检修。

四、注意事项

（1）拆卸时应按拆卸步骤进行，拆下的零件应分类摆放，必要时可以编号，以免搞乱；

（2）拆卸零件时不要用力过猛，以免损伤零件；

（3）需要敲打时一定要小心，最好用木榧。

实训四　汽车空调用热力膨胀阀的拆装

一、目的和要求

（1）掌握汽车空调热力膨胀阀的结构与工作原理；

（2）掌握汽车空调热力膨胀阀的拆装步骤。

二、实验器材

热力膨胀阀、钳子、六角形螺丝刀。

三、实验内容

1. 热力膨胀阀的拆卸

（1）用钳子拆下过滤网；

（2）用六角形螺丝刀拆下内六角调节螺母；

（3）用手取出调节弹簧、阀芯、顶杆。

2. 热力膨胀阀的安装

（1）用钳子把过滤网安装在阀的进口处；

（2）用手安装好调节弹簧、阀芯、顶杆；

（3）用六角形螺丝刀固定内六角调节螺母。

四、注意事项

拆装时不要损坏过滤网。

实训五　汽车空调制冷系统装置的检修

一、目的和要求

（1）掌握汽车空调制冷系统管路的拆装方法；

（2）掌握汽车空调制冷系统装置的拆装方法；

（3）掌握膨胀阀感温包的拆装方法；

（4）掌握冷凝器和蒸发器的清洗和修整方法。

二、实验器材

汽车空调实验台架、开口扳手、钳子、起子、水泵、胶布、冷冻机油、O 形密封圈、胶泥。

三、实验内容

1. 汽车空调制冷装置的拆卸

具体步骤参见 7.4 汽车空调的检修。

（1）拆卸管路；

（2）压缩机的拆卸；

（3）冷凝器的拆卸；

（4）蒸发器的拆卸；

（5）附属元件（储液干燥器、压力开关）的拆卸；

（6）热力膨胀阀的拆卸。

2. 冷凝器和蒸发器的清洗和修整

具体步骤参见 7.4 汽车空调的检修。

3. 冷凝器和蒸发器的检漏

具体步骤参见 7.4 汽车空调的检修。

4. 感温包制冷剂泄漏的判断

具体步骤参见 7.4 汽车空调的检修。

5. 汽车空调制冷系统的安装

具体步骤参见 7.4 汽车空调的检修。

（1）热力膨胀阀的安装；

（2）压缩机的安装；

（3）冷凝器的安装；

（4）蒸发器的安装；

（5）附属元件的安装；

（6）管路的安装。

四、注意事项

（1）部件要轻拿轻放，以免损坏部件，特别是蒸发器和冷凝器的散热片；

（2）接头不能拧得太紧，以免损坏密封圈；

（3）安装或修整时禁止水分或脏物进入管路或部件内；

（4）感温包上的毛细管不能随便扭曲，以免毛细管破裂，使管内制冷剂泄漏；

（5）空气压缩机的压力和水压不能太大，否则容易损坏散热片；

（6）注意分清部件的进出口，不能接反，特别是附属元件。

实训六　汽车空调控制元件的测试

一、目的和要求

（1）掌握汽车空调控制元件的结构与工作原理；

（2）掌握汽车空调控制元件的测试方法。

二、实验器材

空调实验台架、热敏电阻、继电器、R12 用制冷剂双位压力开关、万用表、冰水。

三、实验内容

（1）热敏电阻的检测。

具体步骤参见 7.4 汽车空调的检修。

将检测结果填入表 9-2。

表 9-2　　不同温度热敏电阻阻值

温度（℃）					
电阻（kΩ）					

（2）常开型继电器的检测。

具体步骤参见 7.4 汽车空调的检修。

（3）R12 用制冷剂双位开关的测试。

具体步骤参见 7.4 汽车空调的检修。

（4）怠速提升器的检测。

具体步骤参见 7.4 汽车空调的检修。

实训七　汽车空调维修的常规操作

一、目的和要求

（1）掌握抽真空的方法与步骤；

（2）掌握冷冻机油的充注方法与步骤；

（3）掌握制冷剂的充注方法与步骤；

（4）掌握检漏的方法与步骤。

二、实验器材

空调实验台架、歧管压力表、真空泵、充注阀、冷冻机油、制冷剂、检漏仪、洗洁精。

三、实验内容

（1）抽真空。

具体步骤参见 7.3 常规维修操作。

（2）加冷冻机油。

具体步骤参见 7.3 常规维修操作。

（3）充注制冷剂。

具体步骤参见 7.3 常规维修操作。

（4）检漏。

具体步骤参见 7.3 常规维修操作。

四、注意事项

（1）维修车间保持通风，避免人体吸收过多的制冷剂；

（2）打开空调充注制冷剂时一定要关闭高压手动阀，否则系统制冷剂会回流到制冷剂罐里，罐内由于压力过高会产生爆炸；

（3）避免制冷剂接触到皮肤或眼睛，如果不小心让制冷剂接触皮肤或眼睛，应立即用大量的水冲洗，涂上凡士林，然后速请医生治疗。

实训八　汽车空调制冷系统的故障判断

一、目的和要求

掌握压力检测法，通过高、低压力侧的压力变化判断系统的故障。

二、实验器材

空调实验台架、歧管压力表。

三、实验内容

设置故障，观察压力的变化。

（1）把歧管压力表连接到制冷系统的高、低压充注阀上；

（2）打开空调，观察压力表的高、低压力值，并做记录；

（3）当空调出现故障时，观察压力表的变化和制冷系统出现的异常现象，把压力变化（增大还是减小）和异常现象填入表9－3。

表9－3　压力变化和异常现象测试表

故　　障	高压侧压力	低压侧压力	异常现象
冷凝器风机不转			
冷凝器散热片堵塞			
蒸发器风机不转			
蒸发器过滤器堵塞			
感温包接触不良			
制冷剂过多			
制冷剂过少			
压缩机皮带轮过松			

四、注意事项

禁止高压侧压力超过20bar，否则应停止压缩机的工作。

实训九 汽车空调的性能测试

一、目的和要求

掌握汽车空调维修后的性能测试方法。

二、实验器材

空调实验台架、歧管压力表、温度计。

三、实验内容

汽车空调性能测试步骤：

（1）关闭汽车所有门窗及发动机仓；

（2）开动发动机，打开空调；

（3）设定一定温度（最冷），让风量达到最大；

（4）让制冷系统运行 15 分钟左右；

（5）把温度计分别放在蒸发器进风口和出风口，测量进风口和出风口的温度；

（6）把每次记录的温度填入表 9 - 4。

表 9 - 4 温度测试表

序号	车内进风口温度（℃）	车内出风口温度（℃）
1		
2		
3		
4		

（7）观察表 9 - 4，从中发现了什么规律？

四、注意事项

每次记录的车内温度差在 5℃左右。

参考文献

［1］ 江军 . 汽车空调原理与维修 . 北京：科学技术文献出版社，2015.

［2］ 陈立辉 . 汽车维修专项技能培训教材 . 北京：人民交通出版社，2007.

［3］ 王若平 . 汽车空调 . 北京：机械工业出版社，2007.

［4］ 蒋志伟 . 汽车空调原理与检修 . 天津：天津科学技术出版社，2011.

［5］ 曾壮 . 汽车空调结构与维修 . 济南：山东科学技术出版社，2007.

［6］ 岳江 . 汽车空调系统检修 . 北京：人民邮电出版社，2009.